Martin Koschorke

Jesus war nie in Bethlehem

Einbandgestaltung: Martin Veicht, 2design Regensburg
Einbandabbildung: Joseph Heinemann (1825–1901), Geburt Jesu.
Die Hirten bei der Krippe (Ausschnitt), aus: Bilder-Bibel.
Vierzig kolorierte Darstellungen, Freiburg i. Brsg. 1906, T. XVI, © akg-images

Die Deutsche Nationalbibliothek verzeichnet diese Publikation
in der Deutschen Nationalbibliografie;
detaillierte bibliografische Daten sind im Internet über
http://dnb.d-nb.de abrufbar.

2., durchgesehene und ergänzte Auflage 2008

1. Auflage 2007
Die Herausgabe dieses Werkes wurde durch
die Vereinsmitglieder der WBG ermöglicht.
Gedruckt auf säurefreiem und alterungsbeständigem Papier
Printed in Germany

Besuchen Sie uns im Internet: www.wbg-darmstadt.de

ISBN 978-3-534-20488-5

Inhalt

Teil II
Vom Kind in der Krippe – und was es uns sagen will

Jahr für Jahr feiert die Christenheit die Geburt ihres Erlösers im Stall von Bethlehem. Jahr für Jahr zieht es, wenn nicht Krieg ist, Tausende von Pilgern nach Bethlehem, dem Ort von Christi Geburt. Nur: Jesus ist nicht in Bethlehem geboren. Höchstwahrscheinlich hat Jesus das Städtchen Bethlehem in seinem ganzen Leben nie betreten.

Wie aber kam die Krippe dann nach Bethlehem?
Und wie kam Jesus in die Krippe?
Wie kam es, dass Maria Jungfrau wurde?
Was ist geschehen, dass Josef als Vater in der Versenkung verschwand?
War Jesus wirklich ein Nachfahre des legendären Königs David?
Hielt er selbst sich für Gottes Sohn?

Historisch war manches anders, als die Weihnachtsgeschichte es berichtet. So kann man an diesen Erzählungen Anstoß nehmen. Oder Anstöße bekommen. Denn wenige biblische Erzählungen stellen den Kern der christlichen Botschaft so anschaulich dar. Kaum ein Text der Bibel spricht so direkt zu den Herzen der Menschen.

Von Bethlehem
und der Geschichte
von Christi Geburt.
Einige Bemerkungen vorab

1. „Bethlehem, im jüdischen Lande"

Es ist nicht weit von Jerusalem nach Bethlehem. Zwei bis drei Stunden brauchte man einst zu Fuß, acht Kilometer Luftlinie. Die Straße schlängelte sich durch Olivenhaine, vorbei am griechisch-orthodoxen Elias-Kloster. Dann sah man das Städtchen vor sich liegen. Es schmiegt sich an die bewegte Landschaft an, wird eins mit ihren Hügeln und Hängen. Von Bethlehem aus geht der Blick weit hinaus über das bergige Land im Süden Jerusalems. Von hier aus erklingen immer noch die Glocken christlicher Kirchen über die judäische Wüste.

Hinter Mauern

Heute gehört „Bethlehem im jüdischen Lande" zum Staatsgebiet Palästinas. Wer den Ort in diesen Tagen besuchen will, muss Grenzen überwinden und ausgefeilte Kontrollen über sich ergehen lassen. Bethlehem ist abgeschnitten vom Rest der Welt, isoliert auch von den anderen Mosaikstücken des palästinensischen Staates. Rund zwanzig Kilometer Sperranlagen schnüren das Städtchen ein: ein bis zu neun Meter hoher Mauerwall im Norden und Nordwesten, der Stacheldraht eines Hochsicherheitszauns im Osten, jüdische Siedlungen im Süden. Die Bewohner fühlen sich gefangen.

Im Zentrum indessen hat Bethlehem nichts von seinem Reiz verloren. Alle wichtigen Wege führen zum Mangerplatz. Dort steht gegenüber einer Moschee die Geburtsbasilika. Sie ist über jener Grotte errichtet, die nach der Überlieferung der Stall war, in dem Jesus zur Welt kam. In den Besitz der Basilika teilen sich die armenisch-orthodoxe und die griechisch-orthodoxe Kirche. Um ihren Besitz streiten sich die christlichen Brüder seit Jahrhunderten – unweit des Hirtenfeldes, auf dem laut Weihnachtsgeschichte himmlische Boten der Menschheit „Frieden auf Erden" verkündeten.

Touristen seit der Bronzezeit

Wer ist in Bethlehem und dem jüdischen Land nicht alles aufgekreuzt! Und wieder abgezogen. Ausgrabungen zwischen Jordanfluss und Mittelmeerküste haben Spuren ältester menschlicher Zivilisation zu Tage gefördert. Westsemiten siedelten sich an, Kanaanäer bauten Königstädte, die einander heftig befehdeten. Lange Zeit gehörte das alte Israel zur Einflusszone Ägyptens. Dann kamen die Assyrer und Babylonier aus dem heutigen Irak. Es folgten, auf dem Weg zum Nil, die Perser aus dem gegenwärtigen Iran. 332 stattete Alexander der Große aus Mazedonien Jerusalem eine Stippvisite ab. Danach tauchten wieder die Ägypter auf, gefolgt von den Syrern und schließlich den Römern.

Bethlehem war immer eine ziemlich kleine Ansiedlung. Weltweites Ansehen gewinnt der Ort erst in der christlichen Ära als Geburtsstadt des Erlösers. Pilger strömen zur Stätte von Jesu Geburt. Die wird schon früh, spätestens um das Jahr 150, mit einer Höhle gleichgesetzt. Kaiser Konstantin lässt hier, wiederum rund 150 Jahre später, eine Basilika errichten. Sie ist ein Vorläufer des heutigen fünfschiffigen Baus. Immer häufiger bekommt der heilige Ort prominenten Besuch: Kirchenvater Origenes um 248, die Kaiserinmutter Helena 326, ein „Pilger von Bordeaux“, wie er in der Literatur genannt wird und der vermutlich nicht alleine kam. Kirchenvater Hieronymus lässt sich 385 in Bethlehem nieder und errichtet ein Kloster. 614 rettet nur ein Missverständnis die Geburtskirche vor der Zerstörung durch die Perser: Den Eingang der Kirche zieren die Weisen aus dem Morgenland – in der Tracht persischer Mithraspriester.

Um die gleiche Zeit macht sich der Islam daran, die Welt zu erobern. Der siegreiche Kalif Omar verrichtet 638, vielleicht schon 634, in der Geburtsbasilika seine Gebete. Für Jahrhunderte wird die Kirche als Omar-Moschee zu einer Stätte der Verehrung Allahs. Bis die Kreuzfahrer aufkreuzen. Weihnachten 1100 wird Balduin I. zum König von Jerusalem gekrönt. Zuvor hatten christliche Ritterhorden eine Visitenkarte abendländischer Kultur abgegeben: Unter dem Motto „Gott will es!“ massakrierten sie die gesamte Einwohnerschaft Jerusalems. Auch die Kinder, Frauen und alten Leute wurden gnadenlos niedergemacht. Knöcheltief wateten die Kreuzfahrer in Blut. Bethlehem wird Bistum, die Geburtskirche Kathedrale. Aber nicht für lange. Schon 1244 bringen Türken den Ort wieder in muslimischen Besitz.

Warten auf ein Ende der Gewalt

Auch in der Neuzeit kennt Bethlehem viele Herren: Aijubiden, Mamelucken, Osmanen, Briten, Jordanier, Israelis. 1995 schließlich, drei Tage vor Weihnachten, wird die Stadt von israelischer Besetzung befreit und Teil des Autonomiegebiets der Palästinenser. Die gewalttätigen Auseinandersetzungen, die zu Zeiten palästinensischer Intifadas traurige Höhepunkte erleben, sind damit aber noch nicht beendet. Bethlehem hofft auf Frieden. Denn auch wenn der Anteil der (arabischen) Christen der Stadt in den letzten Jahren stark gesunken ist, Bethlehems Einwohner, ob Christen oder Moslems, leben vom Tourismus.

Auf dem Krippenplatz und in den Gassen des Städtchens bieten Souvenirläden auch in den gegenwärtigen mageren Zeiten an, was christlicher Andenkenhandel zu bieten hat, Geschnitztes und Gemaltes, selbst Produziertes und Importiertes, mehr Kitsch als Kunst. Rosenkränze, Kreuze, Schmuckschatullen, von Beduinen aus Kamelknochen verfertigt, und immer wieder Jesus oder die Geburtsszene im Stall, in Olivenholz, als T-Shirt. Höhepunkt jedes Bethlehem-Aufenthalts bleibt natürlich ein Besuch der Geburtsbasilika, wo ein 14-zackiger Silberstern jenen Ort anzeigt, an dem die Krippe gestanden haben soll.[1]

Nur: Jesus von Nazareth ist nicht in Bethlehem geboren. Aller Wahrscheinlichkeit nach hat er die Stadt in seinem ganzen Leben nicht betreten.

2. Es begab sich aber zu der Zeit

„Es begab sich aber zu der Zeit …“ Vielen klingen die Worte vertraut. Manche haben diese Verse als Kinder auswendig gelernt. Vielleicht haben sie den Text sogar an einem Heiligabend unter den brennenden Kerzen eines Lichterbaumes aufgesagt. Die Weihnachtsgeschichte – unzweifelhaft ein Stück Weltliteratur.

Bilder, die zum Herzen sprechen

Szenen und Motive dieser Geschichte haben die Fantasie von Generationen beflügelt, Millionen immer von neuem angerührt, die Gestaltungskraft von Malern und Dichtern, Komponisten und Bildhauern angeregt.

Die hochschwangere Frau ohne Bleibe
Das junge Paar auf Herbergssuche
Die Geburt im Stall zwischen Ochs und Esel
Das Kind in Windeln
Die Krippe mit Heu und Stroh

Die Hirten auf dem Feld bei ihren Schafen
Die Botschaft der Engel: Friede auf Erden
Die Weisen aus dem Morgenland
Der Stern, der zum Stall von Bethlehem führt
Die Angst eines mächtigen Königs vor einem schwachen Säugling
Die Lügen und Intrigen der Machthaber
Verfolgung und Flucht
Die kindertötende Staats- und Kriegsmacht des Herodes
Die schützende Hand Gottes über dem Weg der Wehrlosen

Ein Stück Weltkultur

Man sprach und sang durch die Jahrhunderte von diesem Kind. Unzählige Weihnachtslieder, in allen Tonarten und vielen Sprachen, besingen die heiligen Gestalten, hymnisch oder volkstümlich, hoch künstlerisch oder zutiefst sentimental. Oratorien und Vertonungen, von Bach und Händel bis Camille Saint-Saëns und Hugo Distler, feiern das Ereignis. Rund um die Welt erklingen zu jeder Advents- und Weihnachtszeit Chöre und Konzerte. Wenn in der Kapelle des Kings College im englischen Cambridge im Widerschein der Kerzen die Knabenstimmen des berühmten Chores zur hohen gotischen Decke des Gewölbes aufsteigen, legt es sich wie ein Zauber auf die Zuhörer. Skandieren im afrikanischen Kinshasa Chor und Gottesdienstbesucher zum Rhythmus der Trommeln voller Inbrunst „Bettelhemm, Bettelhemm", läuft es einem vor Erregung den Rücken herunter.

Kirchenvater Hieronymus (um 420) führt ein bewegendes Zwiegespräch mit dem Jesuskind: „Sooft ich die Krippe im Stall von Bethlehem anschaue, kommt mein Herz zu einem Gespräch mit dem Jesuskind.

Ich sage zu ihm: ‚Ach, mein Herr Jesus! Du zitterst so und liegst so hart um meiner Seligkeit willen. Wie kann ich dir das jemals vergelten?'

Dann kommt es mir vor, als hörte ich aus der Krippe: ‚Lieber Hieronymus! Nichts begehre ich von dir! – Aber singe: Ehre sei Gott in der Höhe! Und lass dir's gefallen, dass ich noch bedürftiger werde im Ölgarten und am Kreuz von Golgatha.'

Hieronymus: ‚Liebes Jesuskind! Was kann ich dir nur schenken? Ich will dir all mein Geld und mein Vermögen geben!'

Das Jesuskind: ‚Ach nein, der ganze Himmel und die ganze Erde ist doch mein Eigentum! Gib dein Geld den armen Leuten. Das will ich so ansehen, als sei es mir geschenkt …'"[2]

Meister Eckhart schreibt um 1300: „Wir feiern Weihnachten, auf dass diese Geburt auch in uns geschieht. Wenn sie nicht in mir geschieht, was hilft sie mir dann? Gerade, dass sie auch in mir geschieht, darin liegt ja alles."[3]

Der raue Bert Brecht schenkt uns unter dem Titel „Die gute Nacht" besonders zarte weihnachtliche Verse[4]:

„Der Tag, vor dem der große Christ
zur Welt geboren worden ist
war hart und wüst und ohne Vernunft.
Seine Eltern, ohne Unterkunft
fürchteten sich vor seiner Geburt
die gegen Abend erwartet wurd.
Denn seine Geburt fiel in die kalte Zeit.
Aber sie verlief zur Zufriedenheit.
Der Stall, den sie doch noch gefunden hatten
war warm und mit Moos zwischen seinen Latten
und mit Kreide war auf die Tür gemalt
dass der Stall bewohnt war und bezahlt.
So wurde es doch noch eine gute Nacht
auch das Heu war wärmer, als sie gedacht,
Ochs und Esel waren dabei
damit alles in der Ordnung sei.
Eine Krippe gab einen kleinen Tisch
und der Hausknecht brachte ihnen heimlich einen Fisch.
(Denn es musste bei der Geburt des großen Christ
alles heimlich gehen und mit List.)
Doch der Fisch war ausgezeichnet und reichte durchaus
und Maria lachte ihren Mann wegen seiner Besorgnis aus
denn am Abend legte sich sogar der Wind
und war nicht mehr so kalt, wie die Winde sonst sind.
Aber bei Nacht war er fast wie ein Föhn.
Und der Stall war warm und das Kind war sehr schön.
Und es fehlte schon fast gar nichts mehr
da kamen auch noch die Dreikönig daher!
Maria und Joseph waren zufrieden sehr.
Sie legten sich sehr zufrieden zum Ruhn
mehr konnte die Welt für den Christ nicht tun."

Drei Dichter von vielen, die im Laufe der Jahrhunderte weihnachtliche Geschichten und Legenden, Verse und Lieder, Gedichte und Krippenspiele schufen.

Kaum ein Bericht der Bibel schildert so konkret und anschaulich. Kein Wunder, dass ungezählte Gemälde und Abbildungen, Fresken und Ikonen voller Liebe die Ereignisse dieser Nacht oder die Madonna mit dem Kind abbilden. Oft genug verraten sie auf sympathische Weise die Heimat und die Zeit, in denen der Künstler lebte. Weihnachten ist ein Stück Weltkultur.

Bräuche der Völker

Unübersehbar auch die Formen und Ausprägungen weihnachtlichen Brauchtums: Krippen und Krippenfiguren, Engelgestalten und Sterne, Pyramiden und Kalender, Ketten und Kugeln, Geschnitztes und Bemaltes und was es nicht alles an Schmuck und weihnachtlicher Dekoration gibt. In Peru trägt das Christkind indianische Züge und dunkles Haar, in Nordeuropa liegt es hell und blond in der Krippe, in Natal leuchtet das Weiß der Augen aus einem schwarzen Jesusgesicht.[5]

Wenn Turmmusikanten über Weihnachtsmärkte Adventschoräle blasen, wenn von den Eltern bestellte Weihnachtsmänner und -engel an Kinder von den Eltern gekaufte Geschenke verteilen, wenn Sternsinger für Hilfsaktionen Geld sammeln, dann vermischen sich auf eigentümliche Weise Tradition, Folklore, Gemüt, Kommerz und Nächstenliebe. Aber die Sitten, Bräuche und Symbole, wie sehr sie sich Umfeld und Jahreszeit angepasst haben mögen, schlagen doch, auch in einer nachchristlichen Welt, den Bogen zurück zu den Ursprüngen, zur Geburt im Stall von Bethlehem.

„Ich steh' an deiner Krippe hier, o Jesu, du mein Leben." So beginnt einer der bekanntesten Weihnachtschoräle, von Paul Gerhardt gedichtet und von Johann Sebastian Bach vertont. Ganz offensichtlich, das Kind in der Krippe berührt die Herzen.

Nur: Wie kam Jesus in die Krippe? Und wie kam die Krippe nach Bethlehem?

Teil I
Von Jesus von Nazareth, seinen Eltern Maria und Josef und was wir von ihnen wissen

3. Jesu Vaterstadt: Nazareth

Jesus stammt aus Nazareth.

In Nazareth ist er aller Wahrscheinlichkeit nach geboren. Dort lebte seine Familie, vermutlich schon seit Generationen. In Nazareth ist Jesus aufgewachsen als Sohn des Josef und der mit Josef verheirateten Maria. So jedenfalls sahen es die Leute. Sie kannten ja den Joshua oder Jeshua, wie ihn seine Eltern genannt hatten, von klein auf. „Ist das nicht Josefs Sohn?", wundern sie sich, als sie von seinen spektakulären Krankenheilungen und seinen Aufsehen erregenden Reden hören. Lukas berichtet es ganz unbefangen (Kapitel 4,22). Das hindert ihn jedoch nicht daran, wenig zuvor – im Prolog seines Evangeliums (den Kapiteln 1 und 2) – den Besuch des Engels bei Maria und die Ankündigung der Jungfrauengeburt zu schildern. Er folgt in Kapitel 4 offensichtlich einer alten Textquelle, der die Anschauung von der Jungfräulichkeit Marias bei der Geburt Jesu noch gänzlich unbekannt war.

Wie Jesus zum Schreiner wurde

Jesu Vater war Zimmermann. In jener Zeit schloss dieser Beruf auch die Tätigkeiten eines dörflichen Baumeisters ein. Dort, wo Jesus mit seinen sechs jüngeren Geschwistern spielte, hat er vermutlich später auch gelernt: Man darf mit gutem Grund annehmen, dass Jesus bei seinem Vater in eine Tischler- und Bauhandwerkerlehre gegangen ist. Bevor er als wandernder Rabbi Familie und Heimatort verließ, hat er wahrscheinlich im Betrieb des Vaters mitgearbeitet. Wir haben keine Beweise dafür, aber es war damals so üblich.

Ein einziges Mal wird Jesus in der Bibel selber Zimmermann genannt: „Ist er nicht der Zimmermann, der Sohn der Maria?", fragen sich die Leute seiner Heimatstadt (Markus 6,3). Dies ist eine interessante Stelle: Sie liefert uns Aufschlüsse darüber, wie die Berichterstatter der Evangelien mit ihren Textvorlagen umgegangen sind. Darum seien hier zwei kleine Ausflüge in die Entstehungsgeschichte dieser Texte erlaubt. Wer die Ausflüge nicht mitmachen möchte, möge bitte unten auf Seite 24 weiterlesen.

Die Passage von Markus 6,3 liegt in dreifacher Fassung vor. Die drei

Evangelisten Markus, Matthäus und Lukas berichten dieselbe Begebenheit. Sie schildern sie fast mit den gleichen Worten. Aber nur fast. Man kann die drei Versionen daher nebeneinanderlegen und vergleichen. So lässt sich möglicherweise herausbekommen, welcher Text der ursprüngliche ist. Man kann weiter sehen, wie der Stoff von den drei Evangelisten – und in diesem speziellen Fall auch von Johannes – weiterverarbeitet wurde.

Matthäus (13,55)	*Markus* (6,3)	*Lukas* (4,22)	*Johannes* (6,42)
Ist das nicht der Sohn des Zimmermanns?	Ist das nicht der Zimmermann, der Sohn der	Ist das nicht der Sohn Josefs?	Ist das nicht Jesus, der Sohn Josefs,
Heißt seine Mutter nicht Maria und seine Brüder Jakob und Josef und …	Maria? und der Bruder Jakobs und Josetos' und …		(dessen Vater und Mutter wir kennen?)

Merkwürdig ist in der Variante des Markus, dass bei der Schilderung der Abstammung Jesu nur die Mutter genannt wird, nicht der Vater – für einen Bericht, der aus jüdischer Erzähltradition stammt, höchst ungewöhnlich. „Ist das nicht der Sohn Josefs?", heißt es bei Lukas. „Ist das nicht Jesus, der Sohn Josefs, dessen Vater und Mutter wir kennen?", schreibt Johannes. In der Parallelstelle zu Markus 6,3 hat Matthäus möglicherweise die ursprünglichere Fassung beibehalten: „Ist das nicht der Sohn des Zimmermanns und der Maria?" So ist der Text auch bei Markus selbst in einigen, wenn auch wenigen alten Handschriften bezeugt. Jesu Tätigkeit als Zimmermann in Markus 6,3 ließe sich nämlich sehr gut als nachträgliche Korrektur verstehen: Mit ihr würde die Geschichte der inzwischen herrschenden Vorstellung von der Jungfrauengeburt angepasst, wie sie sich in der Umgebung und zu der Zeit, in der Markus schrieb (67–69 n. Chr.), durchgesetzt hatte. Es bedurfte dazu nur einer ganz kleinen Änderung. Im griechischen Urtext wird praktisch bloß ein Wort umgestellt:

Ist das nicht der Sohn des Zimmermanns ~~und~~ der Maria? →
Ist das nicht der Zimmermann, der Sohn der Maria?

So hätte ein Korrektor, dem die Jungfrauengeburt wichtig war, Jesus zum Schreiner gemacht.

Werkstattbesuch bei Markus & Co.

Die Evangelisten gestatten uns hier einen Einblick in ihre „Werkstatt“, in die Art und Weise, wie sie ihre Evangelien (= „gute Botschaft“) genannten Berichte vom Leben, vom Wirken und von der Wirkung Jesu gestaltet haben. So sei hier kurz ein zweiter literarkritischer Ausflug gestattet, dieses Mal in die Entstehungsgeschichte der Evangelien.

Markus (der wie gesagt um 67–69 n. Chr. schrieb), Matthäus und Lukas (ihre Werke sind in der dritten nachchristlichen Generation gegen Ende des ersten Jahrhunderts verfasst) haben sich bei ihrer literarischen Arbeit dabei im Wesentlichen an drei Prinzipien gehalten:

Erstens: Den Evangelisten stand ganz verschiedenartiges Textmaterial zur Verfügung. Ihnen lagen vor: die dramatische Darstellung der letzten Tage Jesu in Jerusalem, seines Prozesses und Todes am Kreuz sowie der überraschenden Erscheinung des Auferstandenen; Erzählungen von seinen Krankenheilungen und Begegnungen; Sammlungen seiner Reden und Gleichnisse, der Streitgespräche mit den Theologen und Kirchenführern seiner Zeit usw.; aber auch Weiterverarbeitungen und -entwicklungen dieses Traditionsgutes in Form von Bekenntnissen, Taufformularen und Liedern, wie sie bereits recht bald in den Gottesdiensten der ersten Gemeinden verwendet wurden, und Legenden. Dieses Material haben die Evangelisten insgesamt ziemlich treu und gewissenhaft weitergegeben.

Für das eigene „Publikum“ bearbeitet

Zweitens: Die Evangelisten waren indessen nicht nur Sammler und Überlieferer. Ihnen lag ja sehr unterschiedliches Traditionsgut vor. Matthäus und Lukas beispielsweise kannten zweifellos eine ursprüngliche Fassung des Markus-Evangeliums, dazu eine geordnete Sammlung von Sprüchen und Reden Jesu. Zusätzlich standen jedem der Evangelisten offensichtlich auch noch eigene Quellen zur Verfügung, die keiner der anderen kannte. Ihre Aufgabe bestand nun darin, aus dieser Fülle von Stoff eine Einheit zu schaffen, ein Ganzes, das zugleich eine überzeugende Botschaft an die Leser und Hörer enthielt, für die sie schrieben. Denn jeder der Evangelisten kam von einem ganz unterschiedlichen Hintergrund. Er hatte daher eine spezifische Leserschaft vor Augen, Gemeinden mit eigener Herkunft und Tradition.

Der Verfasser des *Matthäus*-Evangeliums etwa wandte sich an griechischsprachige Judenchristen, denen die jüdische Überlieferung noch vertraut war. Daher lag ihm beispielsweise besonders daran zu zeigen, dass sich in Jesu Leben und Wirken alttestamentliche Vorhersagen erfüllen.

Der Verfasser des *Lukas*-Evangeliums dagegen, der Palästina offensichtlich selber nicht kannte, schrieb für „Heidenchristen". Seine Schilderung des Todes Jesu entlastet die römische Besatzungsmacht, die an diesem Ereignis beteiligt war. Man kann also annehmen, dass er sich an griechischsprachige Leser wendet, die im Römischen Reich heimisch waren.

So lässt sich bei jedem der vier Evangelisten eine eigene theologische Konzeption erkennen, die ihn von den anderen unterscheidet.

Bibeldetektive am Werk

Drittens: Auf dem Weg zu einem einigermaßen einheitlichen Entwurf wurde der eine oder andere Text der herrschenden Gemeindetheologie angepasst oder entsprechend der Argumentationslinie des Verfassers eingefügt.

Dabei blieben genug Brüche und Widersprüche bestehen. Sie gewähren Einblicke in Ursprung und Weitergabe der Texte. Sie helfen verstehen, wie die Textsammlungen entstanden sind. Auf diese Weise lassen sich die ausgesprochen vielgestaltigen Ursprünge der urchristlichen Gemeinde in ihrer bunten Fülle erforschen – eine Aufgabe, der sich die neutestamentliche Wissenschaft mit Eifer widmet. Bisweilen erinnert solche Tätigkeit an das Zusammenfügen eines riesigen Puzzles oder an die akribische Arbeit eines Detektivs. Sie kann unheimlich Spaß machen.

In Nazareth fing alles an

Kehren wir nach Nazareth zurück, der Geburts- und Vaterstadt Jesu. Der Name des Städtchens taucht stets auf, wenn von seiner Herkunftsfamilie die Rede ist (Lukas 1,26; 2,39). Das Gebiet von Galiläa ist der Startpunkt von Jesu Wirken. Nach Lukas ist es gar die Synagoge von Nazareth – dort findet Jesu erstes großes Auftreten statt, über das er berichtet. Von Galiläa aus zieht Jesus nach Jerusalem. In Galiläa sammelt er seine ersten Anhänger, hierhin fliehen sie nach seinem Tod. Nazarener werden sie später genannt, unter anderem. „Jesus von Nazareth" ist sein Name, von der Taufe (Markus 1,9) bis zu seiner Verhaftung (Johannes 18,5). Dieser Eigenname ist dem Verfasser des Matthäus-Evangeliums, der seinen judenchristlichen Lesern die Bedeutung Jesu regelmäßig mit Belegen aus dem Alten Testament nachzuweisen sucht, so selbstverständlich, dass er auch ihn schon in der Heiligen Schrift belegt finden will: „So sollte in Erfüllung gehen, was durch die Propheten angesagt ist: ‚Einen Nazoräer wird man ihn nennen'" (Matthäus 2,23). Wir wissen allerdings bis heute nicht, welche Stelle im Alten Testament Matthäus gemeint haben könnte. Möglicherweise hat er einfach einen allgemeinen Bezug zu den Schriften der Väter herstellen wollen.

4. Im Ostfriesland Israels

Heute ist Nazareth ein recht bedeutendes Landstädtchen von rund 60 000 Einwohnern, Verwaltungssitz des Norddistrikts Israels. Wie Bethlehem wird Nazareth überwiegend von einer arabischen Bevölkerung bewohnt – es ist die größte arabische Ansiedlung im eigentlichen Staat Israel. Die Unterstadt zeigt orientalisches Gepräge. Nazareth, eine Stadt der Kirchen, Klöster und Touristen – auch hier Bethlehem vergleichbar.

Der Ort liegt ziemlich genau 100 Kilometer Luftlinie nördlich von Jerusalem im galiläischen Mittelgebirge. Die Berge Tabor (562 m) und Karmel (598 m) sind nicht weit. In sanften Linien zieht sich die Landschaft hinab bis zu den Ufern des Kinnerethsees, dem See Genezareth, Israels größtem Trinkwasserspeicher, etwa 209 m unter dem Meeresspiegel gelegen. Gegen Nordosten steigt sie wieder an über die – militärisch wichtigen, zwischen Syrien und Israel umstrittenen – Golan-Höhen bis hin zu den bisweilen schneebedeckten Gipfeln des Hermon-Gebirges (2814 m). Galiläa – ein Landstrich, der auf Frieden wartet, außen und innen.

Wer kommt schon aus Galiläa?

„Was kann aus Nazareth schon Gutes kommen?", fragt der aus Judäa stammende Nathanael seinen Freund Philipp, als dieser ihm atemlos und aufgeregt berichtet: „Wir haben den gefunden, von dem Moses und die Propheten geschrieben haben: Jesus, Josephs Sohn aus Nazareth!" (Johannes 1,45). In den alten Zeiten war das Gebiet von Galiläa so etwas wie das Ostfriesland des jüdischen Volkes. Dieser Vergleich soll niemand kränken. Setzen Sie, wenn Sie mögen, an die Stelle von Ostfriesland auch eine andere deutschsprachige Gegend, die etwas abseits liegt und Ihnen wenig vertraut ist: den Hunsrück, Niederbayern, Vorpommern, Kärnten. Was der Vergleich deutlich machen möchte: Den Bewohnern der Hauptstadt galt Galiläa als finsterste Provinz, abgelegen, schwer erreichbar, eher Anlass zum Witzeln und Gegenstand von Vorurteil und Spott. Um von Jerusalem, der alten Königsstadt, nach Galiläa zu gelangen, musste man auf gebirgigen Straßen mühsam reisen, tagelang.

Durch Teufelsland

Vor allem aber war Samaria zu durchqueren: Fromme Juden hassten dieses Land und sein Volk. Sie mieden es, wo sie nur konnten. Warum? Sie betrachteten die Leute von Samaria als Abtrünnige, als vom rechten Glauben Abgefallene. Die Einwohner der Provinz Samaria erkannten den Tempel in Jerusalem nicht als höchste Stätte der Gottesverehrung an. Vielmehr träumten sie von einem eigenen traditionellen Heiligtum, dem Berg Garizim mitten in ihrem Land. Auch ihre Bibel wich von den heiligen Schriften der rechtgläubigen Juden nicht unerheblich ab. Samariter – das waren die Ketzer schlechthin. Zu allem Überfluss hatten sie sich auch noch mit den Heiden vermischt und galten deshalb als kultisch unrein. An ihnen, an ihrem Volk und Land, machten sich Verachtung und Abscheu der rechtgläubigen Juden fest. Samaria – das war die Provinz des Teufels (Johannes 8,48). Wer begab sich dort schon freiwillig hin? Wer zog da schon gerne durch?

Sächsisch im Orient

Die Bewohner des Landes Judäa hatten also allen Anlass, das abgelegene galiläische Nordland nicht zu besuchen, weil sie feindliches Territorium durchqueren und Staatsgrenzen überwinden mussten. Andererseits lag für die Galiläer Jerusalem ebenso weitab. Sie hatten den gleichen mühsamen Weg. Hinzu kam das teure Leben in der Stadt. Außerdem wurde, wer aus der Provinz Galiläa in der Hauptstadt auftauchte, schief angesehen. Man fiel auf. „Deine Sprache verrät dich!“, wird dem Petrus gesagt, als er sich nach Jesu Verhaftung möglichst unauffällig an einem Feuer wärmen wollte, das das Personal des Hohepriesters im Hof angezündet hatte. Wie in unserem Land Menschen, die sächsisch oder bayrisch sprechen, auswärts leicht zu erkennen sind, so ging es den Galiläern mit ihrer Mundart, einer Variante des Aramäischen. (Eine Sprache übrigens, die noch heute lebt. Sie wird von der durch die Regierung ihres Landes verfolgten Minderheit der syrisch-orthodoxen Christen im Südosten der Türkei verwendet.)

Die Geografie der Evangelisten

Ausreichend Hindernisse lagen demnach zwischen Galiläa und Jerusalem, um den beschwerlichen Weg nur dann auf sich zu nehmen, wenn er wirklich notwendig war – wie etwa zum jährlichen Besuch des Passahfestes. Auch Jesus hat nach allem, was wir wissen, seine Heimat nur einige Male verlassen, um nach Jerusalem zu ziehen. Allerdings ist uns dazu wenig Genaues bekannt. Denn auch die Geographie der Evangelien spiegelt die Botschaft wider, die ihre Verfasser weitergeben wollten. Für Markus zum Beispiel ist Galiläa ein Ort der Verhüllung. Dass Jesus der Messias ist, soll dort noch verborgen bleiben. Erst in Jerusalem wird in der Passion und am Kreuz seine wahre Bedeutung offenbart. Bei Matthäus indessen ist Galiläa, und hier vor allem die Gegend um das Städtchen Kapernaum, das verheißene Land. Hier erfüllt sich die Ankündigung der Propheten (Matthäus 4,13–15), während Jesus in Jerusalem sein Schicksal am Kreuz vollendet. Wieder anders die Darstellung des Lukas: Nach ihm hat Jesus von Anfang an in allen jüdischen Landesteilen gewirkt, besonders auch in Judäa. Jerusalem allerdings ist der Mittelpunkt, dort stirbt er, dort erscheint er als der Auferstandene und dort ist demzufolge auch der Geburtsort der Kirche.

Ziemlich unwahrscheinlich ist allerdings, dass Jesus bei seinen Aufenthalten in Jerusalem noch weiter nach Süden vorgestoßen sein sollte, zum Beispiel nach Bethlehem, der Heimatstadt Davids.

Zweimal „Brothausen"

Und doch war Jesus vielleicht einmal in einem Ort namens Bethlehem. Es gibt nämlich noch ein anderes Dorf im Lande, das so genannt wird: Bethlehem in Galiläa, ein unbedeutender Flecken, der im Alten Testament nur einmal erwähnt wird, zwei bis drei Stunden Fußweg westlich von Nazareth in Richtung Haifa, der Hafenstadt am Meer. Hier könnte Jesus als Jugendlicher oder auch später durchaus einmal durchgekommen sein.

Übersetzt heißt Bethlehem übrigens Brothausen. Beth bedeutet Haus und Lehem Brot. Auch andere, uns aus den Jesus-Geschichten vertraute Ortsnamen haben eine konkrete Bedeutung. Bethsaida beispielsweise, das Fischerdorf, aus dem Petrus stammt und in dem Jesus seine ersten Jünger beruft (Johannes 1,44), heißt Fischhausen: Beth ist, wie gesagt, das Haus, Said bzw. Saida bedeutet im Aramäischen Jagd, Wild, Fisch, Beute. Da das Dorf am Seeufer liegt und die Beute in der Regel Fische waren, ist Fischhausen wohl die angemessenste Übersetzung. Der Name Kapernaum wiederum – das Städtchen am See Genezareth, das Jesus sich als Zentrum seines Wirkens in Galiläa auswählt – setzt sich zusammen aus kaph = Ort und nahum: der Ort des (Propheten) Nahum. Dem Jiddischen verdanken wir, dass der Ausdruck kaph seinen Eingang in die deutsche Sprache gefunden hat: Einen völlig unwichtigen oder abgelegenen Ort bezeichnen wir als unbedeutendes Kaff. Dieser Ausdruck trifft wohl am genauesten die Bedeutung des Fleckens Nazareth zu der Zeit, als Jesus dort aufwuchs.

5. Jesus und seine Familie

Natürlich war Josef mit Maria und Maria mit Josef verheiratet, als Jesus zur Welt kam. Jesus ist kein uneheliches Kind. Er ist Josefs Sohn. So jedenfalls sahen es, wie schon erwähnt, die Leute, die ihn von Kindheit an kannten. So schildern es als das Selbstverständlichste von der Welt Zeugen, die zu ganz unterschiedlichen Zeiten lebten und sehr verschiedenen Gemeindetraditionen angehörten: Markus, der sein Evangelium kurz nach dem Jahr 70 verfasste, und Johannes, der vor dem Jahr 120 schrieb und Jesu Zeitgenossen sagen lässt: „Ist das nicht Jesus, der Sohn Josefs, dessen Vater und Mutter wir kennen?“ (Johannes 6,42). Es gibt kein biologisches Geheimnis um die Geburt Jesu, jedenfalls nicht in den allerersten Anfängen der christlichen Überlieferung.

Kinderreich

Jesus war möglicherweise der Älteste. Wir wissen es nicht genau, aber die Tradition lässt es vermuten. Sicher ist: Er hatte viele Geschwister, wenigstens sechs. Die Namen seiner Brüder sind bekannt: Jakob, Josef (oder Joses), Judas und Simon. „Auch seine Schwestern leben hier bei uns“, heißt es bei Markus (6,3). Die Mädchen waren demnach mindestens zu zweit. Ihre Namen sind bedauerlicherweise nicht überliefert. Jesu Schwestern tauchen auch später nirgends auf, vielleicht waren sie schon verheiratet. Jesus stammt demnach aus einer kinderreichen Familie, für damalige Verhältnisse wohl nichts Ungewöhnliches.

Von den Angehörigen Jesu wird auch noch nach dem Ende seines Wirkens berichtet. Nach seinem Tod und den Auferstehungserscheinungen gehören seine Mutter und seine Brüder neben den Aposteln zum Kern der christlichen Gemeinde in Palästina. Wir haben dafür sogar einen Augenzeugen: Paulus, der uns zudem verrät, dass Jesu Brüder verheiratet waren. Paulus selbst hat Jakob, den ältesten Bruder Jesu, um das Jahr 55 herum in Jerusalem persönlich getroffen. Paulus nennt auch ihn einen Apostel. Jakob war also nicht irgendwer in der Gemeinde, er hatte eine Autoritätsposition. Das ist naheliegend, wenn man die orientalische Sitte bedenkt, die sich bis heute im südlichen und östlichen Mittelmeerraum erhalten hat: Das älteste lebende männliche Mitglied hat eine besondere Stellung und Verantwortung in der Familie. Jesu Angehörige gehörten also nach seiner Hinrichtung und den Auferstehungsereignissen zu seinen Anhängern.

Das war nicht immer so.

Verrückter Bruder

Jesu Familie zählte sicher zu den respektablen Sippen in Nazareth. So eine Baufirma, das war schon etwas. Josef und Co. schlugen sich nicht etwa nur als einfache Tagelöhner durch oder als arme Bauern. Sie waren ein im Ort vermutlich angesehenes Handwerksunternehmen. Und gerade dieser Familie musste es passieren, dass der älteste Sohn aus der Art schlägt! Statt die Verpflichtungen zu erfüllen, denen der erstgeborene Mann von alters her seiner Sippe gegenüber nachzukommen hat, statt sich um Betrieb und Familie zu kümmern, statt die Devise zu beherzigen: „Schreiner, bleib bei deinen Brettern!“, zieht er im Land umher, schwingt große Reden, spielt den Wunderheiler, treibt bei Verrückten, die Geister sehen, die Geister aus. Peinlich, peinlich, so ein Bruder. Unangenehm, höchst unangenehm für die Familie. Was werden bloß die Leute sagen?

In der Stadt wird natürlich mächtig getratscht. Ist ja klar, was man von so einem zu halten hat. Was bildet der sich bloß ein, wer er ist? Wir kannten ihn doch schon, als er noch in die Windeln machte!

So rückt ein Familienkommando aus, um ihn zur Vernunft zu bringen: seine Brüder. Zur Verstärkung haben sie gleich seine Mutter mitgebracht. Er wird sich doch nicht etwa dem elterlichen Willen widersetzen!

Aufregung im Gesundheitsamt

Auch die zuständigen psychiatrischen Fachautoritäten sind inzwischen alarmiert. Heilung psychisch Kranker – was maßt der sich an? Hat noch nicht einmal einen Studienabschluss! Wozu gibt es eigentlich ein Psychotherapiegesetz? Und jede Menge Ausführungsbestimmungen? So geht das nicht! Da kann ja jeder kommen! Wo bleibt unsere Autorität, unser Einfluss?

Auf der Stelle berufen sie eine Kommission ein. Die hält eine Konferenz ab. Einziger Punkt der Tagesordnung ist die Frage: Wie kann jemand, der nicht darauf studiert hat, bei Geisteskranken böse Geister austreiben? Antwort nach langem Palaver: Das kann er nur, wenn er selber einen bösen Geist hat oder von ihm besessen ist. Der oberste der bösen Geister muss in ihm hausen, sonst würden die anderen ja nicht gehorchen.

Theoretisch ist die Sache also klar. In der Praxis indessen gibt es ein Problem: Dem Volk ist die Theorie egal. Die Leute glauben, was sie sehen. Und sie sehen: Kranke werden gesund. Menschen, die seit Jahren von geistiger und seelischer Krankheit gezeichnet sind, werden ihre Leiden los. Wer in der Nacht böser Vorstellungen gefangen war, wird von seiner Last befreit, wenn Jesus mit ihm spricht oder ihn anrührt.

Die Gesundheitsbehörde muss deshalb behutsam vorgehen. Sonst gibt es Ärger. So schicken sie eine Delegation. Die soll Jesus in ein fachlich-theoretisches Gespräch verwickeln. Sie soll zeigen, dass er als Therapeut inkompetent ist. Sie soll ihn vor dem Volk bloßstellen.

Wie die Geschichte im Einzelnen verlief und wie sie ausgeht, kann man bei Markus (3,22 – 27.30) nachlesen.

Die liebe Familie und andere Feinde

Kehren wir zu Jesu Angehörigen zurück. Inzwischen haben sie Jesus gefunden. Er sitzt in seinem Haus im Seestädtchen Kapernaum und redet mit den Leuten. Das Haus ist voll. Die Menschen hören ihm zu. Sie sitzen dicht gedrängt, sie stehen bis vor die Tür. Da ist kein Durchkommen.

Die Familie hält draußen, auf der Straße. Sie sind ratlos. Sie trauen sich nicht recht herein. Sie wollen keinen Aufruhr verursachen. Man weiß ja auch nicht, wie er reagieren wird. Andererseits wollen sie dem Ganzen endlich ein Ende bereiten. Es reicht! Nach längerem Hin und Her schicken sie schließlich einen von denen, die den Eingang blockieren, hinein und lassen Jesus herausrufen.

Lukas schildert die Situation wesentlich dramatischer. Jesus besucht am Wochenende den Gottesdienst in der Nazarether Synagoge. Wie es üblich ist, liest auch er aus der Heiligen Schrift vor. Er interpretiert, was er gelesen hat. Seine Erklärungen und sein Anspruch allerdings bringen die anderen Gottesdienstbesucher dermaßen in Wut, dass sie ihn aus der Stadt hinausführen, um ihn von einem Felsen herabzustoßen (Lukas 4,16 ff.).

Sicher kommt in diesem dramatischen Bericht zunächst einmal die Vorstellung zum Ausdruck, die Lukas von Jesu Wirken auf Erden hat: In Galiläa und speziell in seiner Heimatstadt Nazareth erfährt Jesus Ablehnung und Anfeindung. Erst in Jerusalem wird durch seine Passion, seinen Tod und die Auferstehungsereignisse offenbar, wer er wirklich ist. Aber auch Markus und Matthäus erwähnen Skepsis und Zurückweisung, die Jesus bei den Seinen und in seiner Heimat begegnete.

Irren ist menschlich, auch bei Aposteln

Die Anekdote von Jesu Rausschmiss aus seiner Heimatstadt hat uns den Spruch beschert: Ein Prophet gilt nichts in seinem Vaterland. Bis heute ist der Satz ein geflügeltes Wort geblieben in unserer Sprache. Offensichtlich entsprach er verbreiteter Erfahrung und tut es immer noch.

Noch eine andere Lehre können wir aus dieser Geschichte ziehen, und die hat mit Gesundheits- und Kirchenbehörden zu tun. Dazu muss man vorab wissen: Zu Jesu Zeit fiel die Gesundheitsaufsicht in die Kompetenz der Religionsverwaltung. Ihre Aufgabe war es, über die Einhaltung der Gesetze, also auch der Gesundheitsgesetze zu wachen. Krankheit wurde damals übrigens als etwas verstanden, das den ganzen Menschen betrifft und beeinträchtigt – seinen Geist, seinen Körper, seine Gefühle, sein Herz = seine Identität. Eine Einsicht, der wir uns heute erst mühsam wieder annähern. – Was wir also aus dieser Episode lernen können ist: Nicht nur Gesundheitsamt und Kirchenbehörden liegen bisweilen völlig daneben mit ihren Urteilen, gerade auch wenn es um die Beurteilung von Fragen geht, für die sie zuständig sind. Fehleinschätzungen von Organisationen lassen sich häufig recht einfach erklären: Eigeninteressen, vor allem Machtansprüche, trüben oder verhindern regelmäßig die Wahrnehmung von Realität und Wahrheit. Das galt damals, das gilt auch heute.

Aber, wie gesagt, nicht nur Behörden täuschen sich. Es irren sich auch Menschen, die dem Glauben besonders nahestehen. Wie hier die beiden Personen, die Jesus in seiner Familie am besten kennen müssten: Maria, seine Mutter, und Jakob, sein nächster Bruder. Überliefert sind uns die oben geschilderten Begebnisse ja von Verfassern, die zwischen den Jahren 70 und etwa 90 schrieben. Zu jener Zeit war Maria als Mutter Jesu längst eine Persönlichkeit, die Verehrung genoss. In bestimmten Gemeinden wurde sie bereits als Jungfrau verehrt. Jakob, Jesu Bruder, galt unwidersprochen als Apostel – in der urchristlichen Gemeinde war das die höchste Autoritätsbezeichnung.

Wir sehen: Die Bibel berichtet – hier wie auch an anderer Stelle – ganz schonungslos von der grundlegenden Fehlbarkeit christlich-kirchlicher Autoritätspersonen. Unfehlbarkeit, absolute Gewissheit in Glaubensfragen, lässt sich mit dem Zeugnis der Evangelisten nicht begründen. Die Sehnsucht nach Unfehlbarkeit, nach totaler Sicherheit wird wohl aus anderen, nicht-christlichen Quellen gespeist.

Gründlich verkannt von seinen Lieben

Immer noch wissen wir nicht, wie die Rückholaktion von Jesu Verwandten ausgegangen ist. Sie stehen im Hof. Jesus ist im Haus, mitten unter den Menschen. „Hallo!“, ruft eine Stimme vom Hauseingang herein, „deine Mutter und deine Brüder sind draußen. Sie wollen etwas von dir!“ Jesus horcht auf. „Wer ist das, meine Mutter und meine Brüder?“, entgegnet er. Dann schaut er auf die Menge um sich herum, lässt seinen Blick in die Runde gehen und sagt: „Die hier sitzen sind meine Mutter und Brüder!“ Nach einer Weile fügt er hinzu: „Wer den Willen Gottes tut, der ist mir Bruder, Schwester und Mutter!“

Jesus wertet die Familie um. Er kündigt eine Zeitenwende an. „Die Zeit ist erfüllt, die Gottesherrschaft ist nahe“, ist der Kern seiner Botschaft (Markus 1,15). Damit ist auch die Epoche der traditionellen Familie vorüber, in der Familie und Familientradition die absoluten Werte waren. Eine neue Zeit bricht an.

Jesu Familie steht draußen. Fremde sind drinnen, mit ihm. Die Jesus am besten zu kennen glauben – wer er ist, was er zu sagen hat –, verkennen ihn. Die schon alles zu wissen meinen, wissen eigentlich gar nichts von ihm. Sie stehen vor der Tür. Bei ihm, in seiner Nähe, befinden sich Menschen, die ihn kaum kennen. Sie, die offen sind zu hören, sind seine wahre Familie.

Jesu Botschaft, so wie sie überliefert ist, stellt Altes in Frage. Sie enthält Sprengkraft. Jesu Umwelt und seine Nachfolger haben diese Provokation, diese Herausforderung allerdings nicht lange ertragen können. Schon sehr früh haben sie sich darangemacht, seine Aussagen zu glätten und ihnen die provozierende Schärfe zu nehmen. Davon wird später noch die Rede sein.

6. Sind die Weihnachtsgeschichten erfunden? oder: Von der Sprache des Herzens

Zunächst einmal soll uns eine andere Frage beschäftigen. Wenn Jesus nicht in Bethlehem geboren ist, sondern in Nazareth – was ist dann von den Weihnachtsberichten zu halten? Wenn Maria mit Josef verheiratet war und Jesus ihr vermutlich erstgeborenes eheliches Kind – dann ist doch die ganze Geschichte mit dem Stall, und der Krippe, den Hirten und den Weisen aus dem Morgenland gar nicht wahr! Oder? Gegenfrage: Ist eine Nachricht deswegen wahr, weil alle Ortsangaben stimmen? Ist eine Geschichte unwahr, wenn historische Einzelheiten nicht zutreffen?

Richtig oder wahr – wie steht es damit bei den Weihnachtserzählungen? „Was ist schon Wahrheit?" Diesen eher skeptischen Ausspruch legen die Evangelisten dem Pilatus in den Mund, nachdem er Jesus bei dessen Gerichtsverhandlung verhört hat. Ob der wirkliche Pilatus sich je zu solchen geistigen Höhen aufgeschwungen hat, ist nicht so sicher. Man müsste ihn dann einen großen Philosophen nennen. Der war er aber nicht. Pilatus war ein eher machtbewusster Militärgouverneur ohne große Skrupel, der sich nicht scheute, die jüdische Bevölkerung, die ihm unterworfen war, auch einmal ein bisschen „aufzumischen". Die ihm nachgesagte Nachsicht gegenüber dem Häftling Jesus hat eher damit zu tun, dass die Verfasser der Evangelien sich auch an Christen wandten, die römische Bürger waren. Die wollten sie nicht vor den Kopf stoßen, indem sie einen Römer für den Tod Jesu verantwortlich machten. Wie dem auch sei, die Frage ist gut: Was ist Wahrheit?

Das Erleben und die Sprache

Wenn der Tag anbricht, sagen wir: „Die Sonne geht auf." Erlischt das Tageslicht, so sprechen wir vom „Sonnenuntergang". Niemand entgegnet uns, wenn wir diese Ausdrücke benutzen: „Es ist nicht wahr, was du da sagst." Selbst Kosmo- oder Astronauten benutzen die Formulierungen, vielleicht sogar auf einem Flug um die Erde, obwohl sie ja nun wirklich vor Augen haben, dass die Aussagen so nicht stimmen. Alle verstehen, was gemeint ist. Das ist wohl ausschlaggebend, wenn wir Sprache benutzen: Wollen wir andere verstehen, so geht es darum zu hören, was gemeint ist, nicht nur was gesagt wird.

„Unser Säugling ist der schönste auf der ganzen Welt!", sagen die Eltern. Ist die Aussage wahr? Die Familienmitglieder, zu Besuch am

Wochenbett der jungen Mutter, schmunzeln. Sie suchen Ähnlichkeiten: mit Tante Irene und Onkel Frieder, mit Opa oder Oma Krause – alles Persönlichkeiten, die auch in ihrer Jugend bei Miss- oder Mister-Europa-Wahlen keine großen Chancen gehabt hätten. Die Krankenschwester, die der Mutter den Säugling in den Arm legt, lächelt nachsichtig: Der neue Erdenbürger sieht genauso verhutzelt aus wie alle anderen Kinder auf der Station auch, kurz nach der Geburt.

Aber wollen die Eltern ihr Neugeborenes denn wirklich auf einem Schönheitswettbewerb präsentieren? Sie drücken einfach ihre Freude aus. Aus ihrer Bemerkung spricht Stolz, und Erleichterung, dass alles gutgegangen ist bei der Geburt. Und Liebe, zu diesem kleinen Wesen, das sie noch nicht kennen, das sie mit Ungeduld erwartet haben und dem sie in der Welt ein gutes Willkommen bereiten möchten, soweit das in ihrer Macht steht.

Der kleine Prinz und der Fuchs

> „Adieu", sagte der Fuchs. „Ich erzähle dir mein Geheimnis. Es ist ganz einfach: Wirklich sehen kann man nur mit dem Herzen. Das Wesentliche ist unsichtbar für die Augen."
>
> „Das Wesentliche ist unsichtbar für die Augen", wiederholte der kleine Prinz. Er wollte es sich merken.

In dieser poetischen kleinen Szene beschreibt der Dichter Antoine de Saint-Exupéry die Sprache des Herzens. Das Herz schaut mit anderen Augen. Es sieht andere Dinge. Es behält andere Dinge. Es blickt auf das Wesentliche. Und das ist – nicht immer, aber oft – unsichtbar.

Liebe macht blind, sagen wir. Das stimmt ja bisweilen auch. Liebe macht andererseits auch hellsichtig: Wir sehen, was wichtig ist. Wir vergessen, was unwichtig ist. Das Gedächtnis, so meint die neuere Hirnforschung, sei überwiegend dazu da, Dinge zu vergessen, Unwesentliches auszusortieren. Sonst könnte unser Gehirn bald keine Eindrücke und Informationen mehr aufnehmen und speichern. Wir lassen weg und wir halten fest. Wir leben nicht nur in einer Welt der reinen Fakten. Wir nehmen das Wichtige wahr. Wir „nehmen"– wie unsere Sprache es so schön ausdrückt – „wahr".

Der alte Mann und der Krieg

Ist die Welt der Fakten darum nebensächlich? „Unser Kind ist 53 cm groß und 3450 g schwer", berichten die Eltern stolz. Es gibt Situationen, in denen solche Informationen lebensnotwendig sein können. Wenn eine

Frau krank ist und ihr Mann den Arzt ruft, nützt es wenig, wenn er dem Arzt versichert: „Meine Frau hat wunderschöne braune Augen" oder „Sie hat das schönste Lachen der Welt". Der Arzt will Fakten wissen: Welche Beschwerden sie hat, wie hoch das Fieber ist, seit wann sie krank ist usw. Wir bewegen uns in beiden Wirklichkeiten, der Realität der Fakten und der Welt des Erlebens. Ist die Krankheit vorüber, sind Einzelfakten häufig vergessen. Es bleibt die Erinnerung an das, was uns bewegt hat. Wir bewahren auf, was uns bewahrt hat, wo sich Entscheidendes verändert hat, wo Leben dicht und intensiv war, wo es vielleicht sogar ums Überleben ging.

Darum erzählen ältere Männer so gerne vom Krieg. Die Daten, die nachher in den offiziellen Geschichtsbüchern stehen, sind oft nur Beiwerk: „Als ich im Winter 1942 in Russland ..." Darum erzählen Mütter ihren Kindern, wenn sie groß geworden sind: „Als du drei Jahre alt warst ..." Darum erzählen sich frisch oder immer noch Verliebte: „Weißt du noch, als wir ..." Auch die schmerzlichen Geschichten werden vom Herzen aufbewahrt, Erlebnisse, die von Verletzung, Unglück oder Misserfolg, Trennung oder Tod handeln.

Was wichtig ist im Leben, sieht nur das Herz. Was uns berührt, was Leben intensiv und lebenswert macht, erzählen wir in seiner Sprache. Da ist die Rede von Liebe und Hass, von Freude und Trauer, Mut und Angst, Sieg und Niederlage, Erfolg und Misserfolg, Stolz und Scham, Glück und Schmerz. Da erzählen Einzelne, Gruppen oder Völker von tödlicher Bedrohung und Überleben, von Frieden und Krieg, Not und Hilfe, Unterdrückung und Befreiung, Unrecht und Gerechtigkeit.

Leben und Hoffen

Hinter vielen dieser Geschichten steht die Hoffnung, die Welt möge anders sein. Leben ist kostbar, sagen wir. Stimmt das denn? Aus der Welt der Fakten lässt sich hin und wieder eine Bestätigung für diese Behauptung finden. Gegenbeweise indessen gibt es in Hülle und Fülle, täglich. Trotzdem stimmt der Satz. Aus ihm spricht die Sehnsucht des Lebens.

Menschen können ohne Freiheit nicht leben, heißt es. Stimmt das? Auch diese Feststellung entspricht mehr einer tiefen Überzeugung als dem illusionslosen Blick in unsere reale Umwelt – eine Welt, in der die Mehrheit der Menschheit weder politische Freiheit genießt noch frei ist von den Bedrohungen durch Armut, Gewalt und Skrupellosigkeit. Aber gerade wenn wir mit beiden Beinen im Leben stehen und auf der Erde, wie sie heute nun einmal ist, brauchen wir immer wieder die Erinnerung an das, worauf uns die Sprache des Herzens aufmerksam machen möchte. Weil wir in beiden Welten wohnen, ist die Sprache des Herzens so bedeutungsvoll. Auch dadurch hat sie ihre Existenzberechtigung.

Modern sein heißt in unserer Gesellschaft: keine Zeit zu haben. Der Alltag bietet oftmals wenig Gelegenheit, uns um das zu kümmern, was unser Herz – oder unsere Seele, wie man früher sagte – braucht. Fragen zuzulassen wie: Hat mein Leben Sinn? Lebe ich so, wie ich möchte? Wie möchte ich eigentlich leben? Was ist mir wichtig im Leben? Zwischendurch finden wir mal ein Stündchen, solchen Gedanken nachzuhängen, zu Weihnachten, am Jahresende, auf einer Beerdigungsfeier eines nahen Verwandten oder anlässlich eines runden Geburtstags. Manchmal werden wir allerdings auch ziemlich brutal darauf gestoßen, dass es im Leben noch eine andere Dimension gibt. Wenn ein schwerer Autounfall glimpflich ausgegangen ist. „Das war knapp!", durchzuckt es uns. Oder vielleicht sogar: „Mein Gott! Das war knapp." Mit einem Schlag tut sich eine andere Welt auf.

Herzinfarkt und Ewigkeit

In diesem Zusammenhang hat Jesus einmal eine kleine einprägsame Geschichte erzählt. Sie handelt von einem Unternehmer, der in der Computerbranche tätig war. Klein hatte er angefangen, mit einem Lädchen im Souterrain eines Hinterhofs, ganz allein, ohne Personal. Aber er war fleißig. Alles machte er selber, die Werbung, den Verkauf, die Reparaturen. Er arbeitete von morgens bis abends, nicht selten auch von abends bis morgens. Und er hatte das Glück des Tüchtigen. Seine Produkte kamen an. Bald konnte er Personal einstellen, ein ordentliches Geschäft einrichten, eine Filiale dazukaufen. Nach einigen Jahren besaß er eine ganze Handelskette. Das bedeutete natürlich noch mehr Arbeit und noch mehr Verantwortung. Sonntage oder gar Wochenenden kannte er schon lange nicht mehr. Schließlich gelang es ihm, den exklusiven Zuliefererverträg für einen weltbekannten Autokonzern zu ergattern. Er war oben angekommen, im internationalen Geschäft. Zufrieden lehnte er sich zurück und sagte sich: „Höher geht's nicht. Jetzt habe ich genug, auf viele Jahre hinaus. Ich lege mein Geld an und ruhe mich aus. Ich werde essen, trinken und das Leben genießen."

In der Nacht bekommt er einen Herzinfarkt. Während dumpfe Schmerzen und Panik auf seiner Brust hocken, sie zusammenpressen, vernimmt er eine innere Stimme. Sie lässt sich nicht überhören, nicht beiseite schieben. Sie flüstert: „War es wirklich nötig, sich so kaputt zu machen? Wofür war das gut? Wie ein Besessener hast du geschuftet – wozu? Was hast du nun davon? Was nützen dir jetzt deine Millionen? Mitnehmen kannst du sie nicht. Jetzt sagst du: War ich blöd! Aber es hilft nichts, sich selbst zu beschimpfen. Es bringt nichts zu klagen: Könnte ich doch noch einmal von vorne anfangen – ich würde es anders machen. Es ist zu spät."

Mit einem Schlag steht er an der Schwelle zu einer anderen Welt. Eine andere Zeit tritt ihm gegenüber. In Blitzesschnelle bilanziert er sein Leben. Ergebnis: Er hat seine Rechnung ohne das Leben gemacht. Alles was bisher für ihn zählte, ist auf einmal nichts. Nichts kann er festhalten, nichts bewahren. Er steht am Ende seines Lebens – und er hat nicht gelebt. Die unausweichliche Konfrontation mit der Zeit ohne Zeit bringt ihn dazu etwas zu tun, was er bisher noch nie getan hatte: über sich selbst zu Gericht zu sitzen. Ein letztes Gericht, unter dem Blickwinkel der Ewigkeit.

Wer sich für die Originalfassung dieser von Jesus erzählten Geschichte interessiert, mag bei Lukas 12,13–21 nachlesen.

Überprüfen und Annehmen

Nach den Kriterien unserer alltäglichen Welt war der Unternehmer, von dem eben die Rede war, sehr erfolgreich. Sein Vermögen ließ sich genau beziffern. Für die wirtschaftliche Entwicklung des Landes hatte er Enormes geleistet. In den Nachrufen wurde lobend erwähnt, wie sehr er sich immer auch für seine Belegschaften eingesetzt hatte. Postum wurde ihm das Bundesverdienstkreuz verliehen.

Er hatte sich tatsächlich große Verdienste erworben. Eine Frage nur blieb offen: War es ein erfülltes Leben? Was hat Sinn im Leben? An dem, was einen Menschen innerlich beschäftigt, was sein Erleben und sein Leben ausfüllt, wovon er spricht, was einem Menschen letztlich wichtig ist, lässt sich – wenn das überhaupt möglich ist – erkennen, woran er glaubt. „Wo euer Schatz ist, da wird auch euer Herz sein", sagt Jesus (Lukas 12,34). Martin Luther formuliert es so: Woran dein Herz hängt, das ist dein Gott.

Die Sprache des Herzens ist mit der Sprache des Glaubens eng verwandt. Grundthemen des Glaubens sind Gewissheit und Vertrauen, Liebe und Barmherzigkeit, Hoffnung und Frieden. Diese stehen gegen Sinnlosigkeit, Einsamkeit und Verzweiflung, den Erfahrungen der Verlorenheit, vor denen Glauben bewahren kann.

Wie schon gesagt, wir leben in beiden Welten, der des Herzens und der der Fakten. Wir sind Bürger beider Wirklichkeiten. Beide Bereiche sind wichtig. Beide berühren sich. Beide unterscheiden sich. Es ist nützlich, die Unterschiede zu kennen. Sonst geraten die Dinge durcheinander.

Beide Sprachen haben ihre eigenen Gesetze. Man soll sie nicht verwechseln. Fakten soll man nachprüfen, Vereinbarungen überwachen. Wer Zahlen glaubt – gutgläubig –, fällt leicht auf die Nase. Liebe kann man nicht nachprüfen, Vertrauen nicht überwachen. Wer das versucht, braucht sich nicht zu wundern, wenn er keiner Liebe begegnet und kein Vertrauen mehr vorfindet.

Damit sind wir wieder bei der Ausgangsfrage: Bethlehem oder Nazareth? Die Fakten der Weihnachtsgeschichten kann man getrost einer kritischen Überprüfung unterziehen. Nachweisbar falsche Fakten für richtig zu halten, hat mit Glauben nichts zu tun. Dass die Weihnachtslegenden Mitteilungen enthalten, die wahr sind, die uns innerlich guttun und seelisch Nahrung geben, kann man nicht beweisen. Man kann es nur spüren und erfahren. Daher ist es letztendlich völlig gleichgültig, ob Jesus in Bethlehem oder Nazareth geboren ist. Beide Orte, der Stall von Bethlehem und das abgelegene Nest Nazareth, passen – wie sich noch zeigen wird – vorzüglich zu dem, was die Weihnachtsbotschaft ausrichten möchte.

7. Die älteste Weihnachtsgeschichte der Welt

Wie aber kam Jesus von Nazareth nach Bethlehem? Wie kam es, dass seine Geburt vom hohen galiläischen Norden in den Süden Jerusalems verlegt wurde?

Das ist eine lange und abwechslungsreiche Geschichte. Sie führt zurück in das erste Jahrhundert des christlichen Glaubens, in die Zeit, in der die Jesusbewegung immer stärkeren Zulauf erhielt, in der sich die Anhänger Jesu und neu gewonnene Christinnen und Christen zu den ersten Gemeinden zusammentaten, aus denen dann im Laufe der Jahre die Vorläufer der frühen Kirchen hervorgegangen sind.

Spuren der Anfänge

Die Frage führt zurück in eine Epoche, über die wir manches wissen, vieles aber auch nicht. Schriftliche Quellen aus jenen ganz frühen Jahren gibt es nicht. Alle geschriebenen Dokumente, die vorliegen, stammen aus späterer Zeit. Sie sind 20, 40, 60 oder noch mehr Jahre nach den Osterereignissen entstanden. Das hat verschiedene Gründe. Zunächst einmal ganz grundsätzliche: Jesu Umwelt war eine traditionale Kultur. Da wurde Wissen überwiegend nichtliterarisch weitervermittelt. Hinzu kommen praktische Gründe: Ein Schriftstück anzufertigen war damals aufwendiger, teurer, umständlicher als heute (auch wenn schon im Alten Testament jemand klagt: „Des vielen Büchermachens ist kein Ende"). Hauptgrund jedoch: Es lohnte nicht. Die ersten Christen rechneten fest damit, dass Jesu Rückkehr unmittelbar bevorstehe, dass er von einem Tag auf den anderen wiederkommen werde – wozu da noch groß Dinge aufschreiben?

Trotzdem wurde natürlich erzählt, berichtet, gesammelt, weitergegeben – mündlich. In Gemeindeversammlungen und Gottesdiensten wurde wiederholt und liturgisch verdichtet, aktualisiert und weiterentwickelt. Spuren dieser mündlichen Überlieferung lassen sich in den 27 Schriften des Neuen Testaments erkennen, rekonstruieren oder erahnen.

Gewöhnliche Geburt in außergewöhnlicher Zeit

Den Herbst und Winter des Jahres 55 verbrachte der Reise-Apostel Paulus in der Hafenmetropole Ephesus. Die Stadt war damals ein mächtiges Handelszentrum, voller Leben und wirtschaftlicher Dynamik. Sie lag in einer gut geschützten Bucht der kleinasiatischen Küste, am Ägäischen Meer, in der heutigen Westtürkei.

Hier erhielt Paulus schlimme Nachrichten aus dem Inneren des Landes. In den christlichen Gemeinden, die er bei den keltischen Galatern gegründet hatte, war Streit ausgebrochen. Er persönlich wurde angegriffen, seine Autorität infrage gestellt. Flugs setzte er sich hin und diktierte einen leidenschaftlichen Brief. Ein Abschnitt daraus könnte mit Weihnachten zu tun haben (4,4–7*)*:

Die neue Zeit brach an,
die alte war vollendet.
Da sandte Gott seinen Sohn,
von einer Frau zur Welt gebracht,
unter dem Gesetz geboren,
um die freizukaufen,
die unter der Gesetzesherrschaft versklavt waren.
Damit wir das Recht freier Söhne empfingen.

Weil ihr nun Söhne seid,
hat Gott den Geist seines Sohnes
in unsere Herzen gesandt.
Der ruft: Abba, Vater!

So bist du kein Sklave mehr,
sondern Sohn.
Bist du aber Sohn,
so bist du auch Erbe –
durch Gottes Tat!

In hymnischer Sprache beschreibt Paulus hier ein Ereignis kosmischen Ausmaßes: Eine Art Weltrevolution hat stattgefunden. Eine Zeitepoche ist vorüber, „vollendet" schreibt er – nach jüdischem Verständnis läuft Zeit nicht ab, sondern sie erfüllt sich oder wird vollendet. Eine neue Zeit ist angebrochen. In ihr gilt eine völlig andere Weltordnung als bisher: Gott hat seinen Sohn gesandt. Wie ein normaler Mensch geboren, ist er allen Mächten und Bedingungen unterworfen, denen die Menschen in dieser Welt auch unterliegen. Im Gegensatz zu ihnen erfüllt er jedoch die Bedingungen des göttlichen Gesetzes. Alle, die sich mit ihm identifizieren, sind darum ebenso wie er von der Herrschaft des Gesetzes und der Mächte dieser alten Zeitrechnung befreit. Sie sind nicht mehr Sklaven, die sich vergeblich mühen, die Bedingungen der bisher gültigen Weltordnung zu erfüllen. Sie sind freie Söhne, die – erwachsen geworden – Anspruch auf das Erbe haben, auf die Teilhabe an dem Reich Gottes.

Adoption im Weltmaßstab

Es fällt uns heutzutage nicht leicht nachzuvollziehen, wie die Menschen der Antike sich die Welt vorstellten, wie sie sich von mächtigen Elementen (Feuer, Wasser, Luft und Erde) umgeben und ihnen ausgeliefert fühlten, weil der Bestand der kosmischen Ordnung vom Gleichgewicht dieser Mächte abhing. Darum können wir auch nur schwer die Spannung nachempfinden, in der sie sich befanden, und die Dramatik, die die Botschaft des Paulus schildert. Deutlich ist: Es geht um Befreiung und Freiheit. Die Leser des Paulus sollen nicht freiwillig in die sklavische Abhängigkeit eines Machtregimes zurückkehren, aus dem sie doch schon befreit waren – weil sie als Gottes Kinder adoptiert sind.

Das Bild der Adoption benutzt Paulus auch an anderer Stelle. Im Jahr 57 schreibt er an die christliche Gemeinde in der Welthauptstadt Rom. Er möchte sie besuchen, ist dort aber noch nie gewesen. So muss er sich und seine Funktion vorstellen. Sein Auftrag ist, Gottes Heilsbotschaft zu verkünden

„von seinem Sohn,

der nach seiner menschlichen Geburt
aus Davids Geschlecht stammte,

der nach der Kraft des Heiligen Geistes aber
in die Machtstellung des Sohnes Gottes eingesetzt ist
seit seiner Auferstehung von den Toten:

Jesus Christus, unser Herr."

Jesus, nach seiner Geburt und Abstammung ein Mensch wie andere auch, wird durch Adoption in die Machtstellung des Sohnes Gottes eingesetzt – durch die Kraft des Heiligen Geistes, das heißt durch einen geistigen Akt (Römer 1,3–4).

Kein Interesse an Jesu Biografie

„Geboren von einer Frau", hieß es im Galaterbrief. „Nach seiner menschlichen Herkunft ein Nachkomme Davids", lesen wir im Römerbrief. Die Geburt Jesu, die Umstände seiner Geburt – für Paulus (und die frühe Gemeinde, denn Paulus verwendet hier Bekenntnisformeln, die seinen Lesern bekannt sind) spielen sie keine Rolle. Er erwähnt sie nur, um zu unterstreichen: Der Jesus, der in dem kosmischen Drama, das die Wende der Zeit bringt, Gottes Sohn ist, war ein Mensch, „von einer Frau geboren".

Folgerichtig spielt auch Jesu Mutter bei Paulus keine Rolle. Er erwähnt sie nicht einmal. Mit Sicherheit wusste er von ihrer Existenz, war sie doch eine der respektierten Persönlichkeiten in der frühen judenchristlichen Gemeinde. Möglicherweise hat er sie, als er in Jerusalem Jesu Bruder Jakob kennenlernte, sogar gesehen. Dass Paulus allerdings von der Jungfrauengeburt wusste, dafür gibt es keinen Hinweis.

Das gilt im Übrigen auch für Markus, den ältesten Evangelisten. Keine Geburtsgeschichte, keine Jugendgeschichte Jesu. Als erwachsener Mann betritt Jesus im Markus-Evangelium die Bühne der Öffentlichkeit und wird durch eine Stimme aus dem Himmel sogleich als Gottes Sohn identifiziert.

Es ist schon auffällig: In den 22 Schriften des Neuen Testaments, die nicht von den Evangelisten verfasst worden sind, findet sich kaum eine Spur vom Leben und Wirken Jesu. Die geschichtliche Person des Jesus von

Nazareth wird geradezu ignoriert. Offensichtlich war die urchristliche Gemeinde zumindest bis Paulus am Lebenslauf Jesu, seinen Lehren und seinen Taten nicht im Geringsten interessiert.

Lessing als Bibelforscher

Wie ist das zu erklären? Man kann die Geschichte der christlichen Urgemeinde nicht gut erzählen, ohne einen kurzen Blick in eine andere Geschichte zu tun: die der wissenschaftlichen Erforschung der neutestamentlichen Schriften und Texte. Das mag sehr trocken klingen, ist es aber nicht.

In der zweiten Hälfte des 18. Jahrhunderts lebte ein Mensch mit Namen Gotthold Ephraim Lessing. Er war nicht nur ein bekannter Dichter und ein noch heute gespielter Dramatiker („Nathan der Weise" zum Beispiel), sondern auch ein neugieriger Kopf. Er und einige seiner Zeitgenossen begannen damit, die Evangelien genannten Textsammlungen nicht nur als heilige Schrift zu lesen. Vielmehr fragten sie sich: Stimmt denn auch, was in den Berichten über Jesus steht? Kann man aus diesen alten Büchern etwas darüber erfahren, was zur Zeit Jesu in Palästina wirklich passiert ist? Schon lange waren Widersprüche in und zwischen den Evangelien aufgefallen, besonders in den Erzählungen der Auferstehungserscheinung. Daraus hatten einige kluge und der Vernunft ergebene Leute messerscharf geschlossen: Das alles hat nicht stattgefunden. Lessing konterte mit dem Argument: Seit wann beweist die Tatsache, dass Berichterstatter den Verlauf ein und desselben Ereignisses unterschiedlich schildern, dass es nicht stattgefunden hat?[6]

Was sich im Laufe der Forschungen jedoch herausstellte: Die Autoren der Evangelien hatten nie und nimmer die Absicht gehabt, als reine Historiker aufzutreten. Was wir heute von einer historisch genauen Darstellung erwarten, wollten sie gar nicht liefern. Das haben bereits vor einem Jahrhundert, in den Jahren 1901 bis 1905, die Professoren Wrede und Wellhausen klargestellt. Die Evangelisten bezeugten, was ihnen wichtig war. Sie schrieben mit dem Herzen. Sie schrieben für Leser, für die Jesus eine außerordentliche Bedeutung hatte oder die sie von der außerordentlichen Bedeutung Jesu überzeugen wollten. Biografische Details lohnten der Erwähnung nicht. Die waren ja auch bekannt. Die wusste man von Augenzeugen, die Jesus persönlich gesehen hatten. Oder von Zeugen, die jene Augenzeugen gesehen hatten und noch am Leben waren.

Von Jesus erzählt wurde aus einem ganz anderen Grund – und damit sind wir wieder beim Beginn dieses Kapitels: In ihm war eine neue Zeit angebrochen. Er, der Erstgeborene vor aller Schöpfung, ist auch der Erstgeborene des neuen Zeitalters. Ein großartiger Gottesdienst-Hymnus, den der Verfasser des Kolosserbriefes zitiert (Kolosser 1,15–20), besingt dieses Weltereignis. Gegenüber einem Bericht von der Zeitenwende verblassen Daten aus dem Leben Jesu zur Bedeutungslosigkeit.

Das Neue Testament beginnt in der Mitte

„Geboren von einer Frau" – dieser Satz des Paulus aus dem Jahr 55/56 ist meines Wissens die älteste „Weihnachtsgeschichte", die wir kennen. Denn die Briefe des Paulus, wahrscheinlich zwischen den Jahren 50 und 57 geschrieben, sind die ältesten Schriften des Neuen Testaments. Nicht die Evangelien, die erst zwischen 60 und 120 entstanden sind, auch wenn sie an erster Stelle stehen. Denn die Reihefolge im „Kanon" der neutestamentlichen Dokumente wurde Jahrhunderte später festgelegt, zu einer Zeit, in der Bethlehem bereits Wallfahrtsort und somit Jesus als historische Person wieder interessant geworden war.

Paulus selbst steht indessen auch in einer literarischen Tradition. Noch ungefähr fünf Jahre nach Jesu Tod war er einer der leidenschaftlichsten Feinde und grausamsten Verfolger der ersten Christen, bis er in dem berühmten Damaskuserlebnis selber Christ wurde. In der Gemeinde, in die er hineinwuchs, lernte er Lieder und Glaubensformulierungen kennen, die er in seinen Schreiben verarbeitet und zitiert hat. In den Gemeinden wurde von Anfang an getauft – eine Anspielung auf die Taufliturgie finden wir im Brief des Paulus an die Römer 10,9. Es wurde der Glauben bekannt, vielleicht in den Worten von 1.Korinther 15,3b–5. Im Gottesdienst wurden Loblieder gesprochen oder gesungen, zum Beispiel der Hymnus in Philipper 2. Es ist ganz erstaunlich, wie kreativ die christliche Urgemeinde war, wie vielfältig auch die Lob- und Bekenntnisformeln – eine Konfessionsvielfalt, die damals offenbar niemanden störte.

8. Stammt Jesus wirklich von David ab?

„Weil er aus dem Hause und Geschlechte Davids war", erzählt die Weihnachtsgeschichte.

War er das? War Jesus ein Davidide, ein direkter Nachkomme „Davids des Großen"? Wusste er von dieser Abstammung? Hat er sich etwa selber als Nachfahre des legendären Herrschers empfunden? Dann wäre es ja durchaus denkbar, dass er auch einmal – gelegentlich einer Reise nach Jerusalem – zum Heimatort seines berühmten Ahnherrn gepilgert ist, nach Bethlehem, „der Stadt Davids". Denn die Bevölkerung der jüdischen Lande pflegte eine sehr lebendige Beziehung zu ihrer Geschichte. Steine und Städte, Brunnen und Berge waren mit den Namen der Vorfahren und ihren Erlebnissen verbunden. Die Orte, an denen sich die Ereignisse der Vorzeit abgespielt hatten, wurden verehrt, gepflegt und aufgesucht.

Probleme mit Jesu Stammbuch

Ob David ein Ahnherr Jesu war – wir wissen es nicht. Die Gelehrten wissen es nicht. Sie streiten darüber. Schon Jesu Zeitgenossen waren sich in der Frage nicht einig. So berichtet es der Evangelist Johannes (7,40–42):

> „Einige seiner Zuhörer waren von Jesu Reden derart beeindruckt, dass sie spontan sagten: ‚Das ist er, der lang ersehnte Prophet!' Manche meinten gar: ‚Es ist der Messias.' Andere widersprachen dem allerdings heftig. Ihr Argument: ‚In der heiligen Schrift heißt es doch eindeutig, dass der Messias aus dem Geschlecht Davids kommen soll und aus dem Dorf Bethlehem, Davids Heimatort!'"

Immerhin, schon sehr früh in der christlichen Überlieferung wird Jesus als „Sohn Davids" bezeichnet. Der älteste schriftliche Hinweis stammt wieder einmal von Paulus. „Nach seiner menschlichen Geburt stammte er aus Davids Geschlecht", schreibt Paulus an die Kirchengemeinde in der Hauptstadt Rom (1,3). Der Brief ist zwar erst auf die Jahre 56 oder 57 zu datieren. Der Satz, eine liturgische Formel, wahrscheinlich ein altes christliches Bekenntnis, klingt jedoch so, als habe Paulus nicht den leisesten Zweifel an dieser Information. Sie muss ihm Jahrzehnte zuvor in den frühen christlichen Gemeinden als etwas völlig Selbstverständliches vermittelt worden sein.

Um einen korrekten Abstammungsnachweis Jesu bemühen sich später Lukas und Matthäus. Sie leben in einer anderen Zeit. Der Streit zwischen Juden und Christen ist voll entbrannt. Die Vertreter des jüdischen Glaubens bezweifeln energisch, wovon die Christen sie zu überzeugen suchen: Jesus von Nazareth ist der lang ersehnte Messias. Daran jedoch glauben die Christen felsenfest. Um diese Behauptung zu untermauern, liefern uns die Autoren des Lukas- und Matthäusevangeliums einen ordentlichen Stammbaum Jesu – nur bringt jeder einen anderen.

3 × 7 (× 2) – die geheime Bedeutung heiliger Zahlen

Matthäus beginnt seine Genealogie bei Abraham. In drei Etappen führt er von Abraham zu David, von David bis zur Verbannung nach Babylon und von der Babylonischen Gefangenschaft bis zu Jesus. Jede Etappe umfasst 14 (das heißt 2 mal 7) Generationen, zusammen also $3 \times 7 \times 2 = 42$.

Lukas dagegen startet mit Jesus. Er führt Jesu Ahnenreihe bis auf Adam bzw. auf Gott zurück, der Adam schuf. Er nennt insgesamt 77 Namen (11×7). Von Joseph bis David sind es 42 Vorfahren (6×7), von Joseph bis Abraham $8 \times 7 = 56$. Das sind 14 mehr als bei Matthäus.

Lukas kennt also einen anderen Stammbaum als Matthäus. Beide Namensreihen lassen sich unmöglich vereinheitlichen. Sie stimmen auch mit den Ahnentafeln des Alten Testaments weder in der hebräischen Fassung noch in seiner griechischen Übersetzung überein. Mal sind zwei namensgleiche Vorfahren zu einer einzigen Person zusammengefasst, mal sind drei Generationen ausgefallen.

Modernem Genauigkeitsempfinden sträuben sich die Haare. Deutsche Standesbeamte waren hier nicht am Werk. Ein erbbiologischer Abstammungsnachweis, wie er in perverser Geistesverwirrung hierzulande vor noch nicht allzu langer Zeit gefordert war, lässt sich mit derartigen Unterlagen sicherlich nicht erbringen.

Ahnenforschung mit Hintersinn

Das ist auch gut so. Die Autoren solcher Tafeln wollten offensichtlich nicht wissenschaftliche Sippenforschung betreiben. Ihnen ging es um etwas ganz anderes. Jesu Stammbäume sind Ausdruck einer gläubigen Gelehrsamkeit, die nach den Geheimnissen und dem tieferen Sinn göttlicher Planung fahndet. Wer den Sinn dieser Tafeln verstehen will, muss daher bereit sein, sich in die Welt, das Denken und die Logik frommer Forscher der Zeitenwende hineinzuversetzen.

Hebräische Schriftzeichen bedeuten Buchstaben und Zahlen zugleich. Arabische Ziffern sind damals noch unbekannt. Die Aufzeichnungen von Texten und Berechnungen unterscheiden sich nicht. Da liegt es nahe, nicht nur die Texte nach ihrer Bedeutung zu befragen, sondern auch die Zahlen. Zumal Zahlsymbolen ohnehin, von Urzeiten an bis heute, in Kult und Alltag, geheimnisvolle Kräfte zuerkannt werden.

Matthäus strukturiert seine Ahnentafel Jesu mit Hilfe von drei Großereignissen aus der Geschichte Israels und der heiligen Zahl 7:

> 2×7 Generationen – wir sind bei der Babylonischen Gefangenschaft des Volkes, die inzwischen beendet ist.
> 4×7 Generationen – wir kommen zu David und der Glanzzeit Israels, die im geistlichen Sinn gegenwärtig wiederhergestellt wird.
> 6×7 Generationen – wir sind bei Abraham angelangt, d. h. der Erwählung Israels aus allen Völkern der Erde; sie ist jetzt erfüllt und vollendet. Denn mit Jesus, dem Messias aus Davids Geschlecht, beginnt die 7. der 7 Generationen„wochen".

Die Botschaft heißt: Seit der Erwählung Abrahams läuft die ganze Geschichte Israels auf Jesus hin. In ihm findet sie ihr Ziel.

Ähnlich und doch anders Lukas. Er beginnt mit Jesus und führt

> in 6×7 Generationen zu David,
> in 8×7 Generationen zu Abraham und
> in 11×7 Generationen zum Beginn der Menschheit zurück.

Die Botschaft hier: Jesus ist der Wendepunkt der Zeit, mit ihm,

> in der 12×7. Generation, erfüllt sich die Geschichte der Menschheit.

Wo Frauen eigentlich nichts zu suchen haben

In matrilinearen Gesellschaften wird die Identität der Familie, und oft auch der Name der Sippe, über die Frauen weitergegeben. Was hier zählt, sind die Mädchen. Über sie lebt die Familie weiter. Werden keine Mädchen geboren, stirbt die ganze Sippe aus. Jungen schlagen nicht zu Buche. In patrilinearen Gesellschaften ist es umgekehrt. Name und oft auch Besitz vererben sich über die männliche Abfolge der Generationen.

Deutschland hat erst in allerjüngster Zeit sein Namensrecht geändert – neuerdings kann bei der Eheschließung auch die Frau der Familie ihren Namen geben. Die Praxis ist indessen immer noch überwiegend patrilinear. Auch das jüdische Recht folgt – wie fast alle Mittelmeergesellschaften – dem patrilinearen Modell.

Bei Lukas (3,23 ff.) tauchen folgerichtig in Jesu Ahnentafel nur Männernamen auf. Nicht so bei Matthäus, er erwähnt vier Frauen. Das ist überraschend und unüblich. Matthäus nennt auch nicht bekannte Stammmütter, wie etwa Sara, Lea oder Rebekka. Vier eher unbedeutende Frauengestalten sind in die männliche Ahnenlinie Jesu eingeflochten:

- Thamar, die ihren Schwiegervater Juda verführte, als er die Rechte vernachlässigte, die ihr als einer verwitweten Frau seines Clans zustanden.
- Rahab, eine Prostituierte aus Jericho, die zwei Spionen des israelischen Geheimdienstes das Leben rettete, indem sie sie auf dem Dörrboden unter Flachsstengel schob.
- Ruth, die dem Boas nachts auf der Tenne beibrachte, dass er sie heiraten könne. Und schließlich
- Bathseba, die Frau des Offiziers Uria, den der König David umbringen ließ, um mit ihr schlafen zu können.

Anrüchige Geschichten

Was ist diesen Frauen gemeinsam? Die zweifelhaften Situationen, in die sie verwickelt waren – wie Maria auch? Dass sie sich alle in ungeschützter oder rechtloser Lage befanden? Dass alle vier der Tradition nach Ausländerinnen waren? Alle diese Gründe würden gut zum Weihnachtsevangelium passen, das auch noch in relativ belanglosen Einzelheiten erkennen lässt: Gott schließt diejenigen, die anrüchig und niedrig, schutzlos und benachteiligt sind, nicht aus, sondern nimmt sie in seine Heilsgeschichte mit hinein.

Es gibt allerdings noch einen anderen, ganz simplen Grund, warum die vier Frauen in Jesu Ahnengalerie ihren Platz gefunden haben könnten: Alle haben mit David zu tun. Auf Juda und Thamar gründet eine Linie des Stammes Juda, dem David ja entstammte. Rahab gilt hier als Mutter des Boas, der zusammen mit Ruth Davids Urgroßelternpaar bildete. Bathseba wurde nach Davids Ehebruch seine Frau und Mutter des Thronfolgers Salomo. Auch die vier Frauen, die in einem Stammbaum eigentlich nichts zu suchen haben, sollen bezeugen: Jesus war Nachkomme Davids.

War er das nun oder war er es nicht? Wir wissen es immer noch nicht. Historisch möglich ist es durchaus. Sicher ist indessen: Nicht weil Jesus von David abstammt, ist er der Messias. Sondern weil er der Messias ist, stammt er von David ab. Und weil ihn die Abstammung von David als Messias ausweist, muss er auch in Bethlehem geboren sein, der Stadt Davids.

Darum reisen christliche Pilger nach Bethlehem.

9. Vom Idol der Vorzeit zum Messias der Endzeit

Der Davidsstern. Zwei ineinander verschränkte Dreiecke formen einen Sechsstern: seit dem Mittelalter ein jüdisches Symbol.

Acht Zentimeter groß, aus gelbem Stoff mit der Aufschrift „Jude", wird der Stern von 1941 an im Deutschland der Hitlerzeit deutschen Bürgern an den Mantel geheftet, um sie zu brandmarken und zu stigmatisieren – ein unvergessliches Symbol deutscher Schande.

Derselbe Davidsstern 1948: in attraktivem Blau auf weißem Hintergrund, Nationalfahne des Staates Israel, und in roter Farbe ebenfalls auf weißem Grund Emblem der jüdischen Schwesterorganisation des Internationalen Roten Kreuzes bzw. des Roten Halbmondes.

Wer war dieser David, dessen Name im Zusammenhang mit der Flagge eines modernen Staates genannt wird – 3000 Jahre, nachdem er gelebt hat –, der auch schon zur Zeit Jesu, 1000 Jahre nach seinem Tod, die Herzen höher schlagen ließ und dessen Gestalt und Abenteuer Dichtern, Malern und bildenden Künstlern als Vorlage ihrer Werke diente?

Kleiner Gauner, großer König

Als Saitenspieler muss er großartig gewesen sein. Seine musikalische Begabung macht ihn zu einem der ersten uns bekannten Musiktherapeuten der Geschichte: Sein Spiel hatte heilende Wirkung; es verschaffte dem König, der unter Depressionen und Wahnvorstellungen litt, Beruhigung. David war ein berühmter Sänger und Psalmendichter, später, als er selbst König wurde, förderte er Musik und Poesie. Als Hirte, mit Schleuder und Kieselstein bewaffnet, erschlug er den modernstens ausgerüsteten Riesen Goliath. Er war Liebling des Volkes, Waffenträger des Königs. Überläufer und Staatsfeind, der bei den Erzgegnern, den Philistern, Militärdienst tat. Frauenverführer, in den sich des Königs Tochter Michal verliebte; um den Preis von tausend toten Philistern gewann er sie zur Frau. Demzufolge war er Schwiegersohn des Königs und zugleich dessen Rivale. Landflüchtiger Verfolgter. Räuberhauptmann, der an der Spitze einer Bande von mehr oder weniger kriminellen Elementen auf Beutezüge ausging. Favorit einer einflussreichen Priesterkaste. Enger Vertrauter und bester Freund des Thronfolgers. Später als König Frauenheld und Ehebrecher, der im Alter ein wenig die Übersicht über seinen Harem verlor. Liebevoller Vater, mit der Erziehung seiner Nachkommen jedoch total überfordert. Erfolgreicher

Feldherr, der Blut nicht scheute, glänzender Organisator einer modernen zentralen Staatsverwaltung, Schöpfer nationaler Einheit und religiöser Erneuerer – wahrlich eine schillernde Figur.

Er kämpfte die militärische Regionalmacht nieder, die Philister. Listenreich entriss er den Jebusitern, der kanaanäischen Urbevölkerung, Jerusalem, das dadurch zu „Davids Stadt" wurde. Er nahm einen Nachbarstaat nach dem anderen ein: Moab, Ammon, Edom, Aramäisch-Syrien (Damaskus und Zoba) und was von den Stadtstaaten Kanaans sonst noch übrig war. Unter David erreichte Juda-Israel seine größte Ausdehnung überhaupt. Ein jüdischer Staat erlangte weltpolitisches Gewicht – wie nie zuvor und nie danach. Das ist Davids historische Bedeutung.[7]

Zwerg zwischen Riesen

Stellen Sie sich vor: Die deutschen Lande liegen darnieder, denn regionale Machthaber oder Parteiführer zerfleischen sich gegenseitig. Auch Frankreich, das belgische Wallonien und die niederländisch-flämischen Provinzen sind durch inneren Zwist total geschwächt. In diesem Augenblick dehnt sich Luxemburg weit über seine sonstigen Grenzen aus und schwingt sich – für einen Wimpernschlag der Weltgeschichte – zur Großmacht auf.

So etwa können wir uns die politische Lage im Palästina des Jahres 1000 vor Christus vorstellen. Die Weltmächte am Nil und im Zweistromland stecken in einer absoluten Schwächeperiode. Sie sind voll mit sich selbst beschäftigt: In Ägypten schlagen sich Priesterkasten, Beamtencliquen und libysche Wüstenscheichs um die Macht, während aramäische Nomaden Babylon und Assur ins Chaos gestürzt haben. Da erheben sich geopolitisch völlig unbedeutende, eher ärmliche Bergstämme aus dem palästinensischen Hinterland zu weltgeschichtlicher Größe. David und sein Königtum – das ist die Sternstunde des Volkes Israel. Sie dauert zwei Generationen. Davids Sohn und Nachfolger Salomo kann noch mit den Phöniziern Handel treiben, Reichtum und – wie man sagt – Weisheit anhäufen und in seiner Hauptstadt als zentrales Heiligtum einen herrlichen Tempel errichten. Mit seinem Tod jedoch zerfallen Königreich und nationale Einheit bereits wieder. Pharao Scheschonk I. plündert Schloss und Tempel. Nach 70 Jahren ist die Sternstunde des Volkes Israel schon vorüber.

Palastintrigen

Geblieben ist der Traum von nationaler Größe, wie ihn Nationalisten aller Zeiten und fast aller Länder geträumt haben und tragischerweise noch heute träumen, wovon die Kriege der jüngsten Zeit, auf dem Balkan und in anderen Teilen der Welt, erschreckendes Zeugnis ablegen.

Geblieben ist aber auch eine eher nebensächliche Einsicht: Hofklatsch ist nichts Neues. König Faruk von Ägypten und sein Harem, der Schah von Persien, Farah Diba und ihre durchsichtige Badewanne, Lady Diana und ihre Tragödie, die mehr oder weniger glücklichen Liebesabenteuer deutscher Tennisstars oder Sänger, amerikanischer Präsidenten oder monegassischer Fürstentöchter – alles schon einmal da gewesen.

Auch an Davids Hof ging es drunter und drüber. Eine Schar von Prinzen und Prinzessinnen, Ratgebern und Militärs sorgte für Abwechslung, für Intrigen, Affären und Verschwendung, zu des Volkes Ärger oder Belustigung.

Prinzessin Thamar war eine außergewöhnliche Schönheit. Als Kronprinz Amnon sie einmal zufällig zu Gesicht bekommt, ist er sofort bis über beide Ohren in sie verliebt. Nur, wie an sie herankommen? Ein Vetter rät: Stelle dich krank und lass dich von Thamar pflegen. So bekommst du sie ins Bett! Der König, als Herrscher stark, als Vater schwach, gibt dem Drängen seines Ältesten nach: Er schickt ihm die Halbschwester zur Pflege, die den Bruder nichtsahnend versorgt, von ihm vergewaltigt und anschließend verjagt wird.

Putsch dem Vater

Ihren Bruder Absalom lässt das nicht ruhen. Zwei Jahre macht er gute Miene zum bösen Spiel. Dann lädt er alle seine Brüder zu einer Party ein, füllt sie mit Alkohol ab und ermordet den Missetäter. Nicht genug damit: Er legt sich einen flotten Sportwagen zu und 50 Bodyguards. Mit ihnen protzt er in der Stadt herum. Er besticht das Volk, nicht nur mit einem tollen Haarschnitt, sondern auch mit populistischen Versprechungen: Wenn ich erst König und oberster Richter bin, werde ich jedem sein Anliegen erfüllen. Bald scheint ihm die Zeit reif zu sein für einen Putsch. Er vertreibt den König, seinen Vater. Um seine Machtergreifung auch öffentlich zu dokumentieren und seinen Vater zu demütigen lässt er die zehn Nebenfrauen seines Vaters, die zurückgeblieben waren um den Palast zu hüten, auf die Dachterrassen bringen und schläft mit ihnen, vor den Augen des Volkes. Es sind übrigens dieselben Dachterrassen, von denen aus der König David die wunderschöne Frau eines seiner an die Front abkommandierten Offiziere beobachtete, den er dann umbringen ließ.

Wahrlich keine Heldenlegenden oder Heiligengeschichten. In schonungsloser Offenheit werden die Schwächen, der Ehebruch und die Mordtat des Mannes festgehalten, der zugleich der von Gott auserwählte König ist. Nichts wird verheimlicht, nichts beschönigt. Der unbestechliche Blick ist ein Markenzeichen biblischer Berichterstattung.

In der Fremde

400 Jahre später lebt das Volk Israel, genauer ein Teil seiner politischen Führungsschicht, in der Verbannung. In tausend Kilometern Entfernung von den heimatlichen Bergen sitzt es in fremder Landschaft und fremdem Milieu, umgeben von fremder Sprache und Kultur, eine unbedeutende Minderheit unter anderen deportierten Minderheiten im Zentrum der Kolonialmacht.

Worüber spricht man im Exil? Über die Heimat. Wie es dort war. Wie es dort jetzt wohl sein mag. Wie es wäre, wenn man zurückkönnte. Was geschehen müsste, damit man heimkehren könnte. Wie es geschehen konnte, dass man fort musste. Was man aus heutiger Sicht anders machen würde, wenn man die gleiche Situation noch einmal erleben würde. Vor allem aber, man träumt von der Zukunft.

Widersprüchlichste Regungen speisen solche Zukunftsfantasien: süße Gefühle des Sich-selbst-Bemitleidens und -Bejammerns oder Vorstellungen künftiger Rache und Genugtuung, Entmutigung, Resignation und Selbstanklage, Trotzreaktionen verletzten Stolzes wie Nicht-wahrhaben-Wollen oder heimliches Überlegenheitsbewusstsein, Heimweh und Freiheitsdrang. Das alles täglich neu angestoßen und aufgemischt durch den Alltag in einer feindlichen Umgebung. Politisch Verbannte rutschen immer erst einmal ans Ende der sozialen Stufenleiter und Prestigeskala.

Heimkehr zu sich selbst

Der Alltag im Exil, das ist eine Kette von Einschränkungen und Demütigungen, Abwertungen und Behinderungen. Unweigerlich stellt sich die Frage nach dem Lebenssinn. Welchen Sinn hat eine Existenz als Exilant? Was lässt sich aus einem solchen Leben machen? Worauf lässt sich hoffen? Wäre es nicht das Sinnvollste und Erfolgversprechendste, sich anzupassen, genauso zu werden wie die anderen Leute in der Multi-Kulti-Stadt Babylon? Seine Eigenheiten abzulegen, sich zu integrieren und auf diese Weise wieder wer zu sein?

Aber kann man wer sein in solch einer Menge? Kann man sich entfalten unter fremden Bedingungen und Gesetzen? Kann man Stammeszugehörigkeit und Identität einfach ablegen wie einen Mantel? Hatte das Grübeln und Forschen über den Sinn dieser Krise nicht gerade die Erkenntnis zutage gefördert, die nationale Katastrophe sei die Folge – und Strafe – genau dafür, dass man bereits in der Heimat versucht hatte, sich zu integrieren, so zu sein wie die anderen Völker, und damit göttliche Gebote und Verheißung missachtete? Erinnerungen lassen sich nicht einfach beiseiteschieben. Sehnsucht und Hoffnung sind erstaunlich starke Kräfte. Sie lassen Träume entstehen, sie verdichten sich zu Bildern. Was liegt also näher, als die nationale und religiöse Vergangenheit, die auf Erfahrungen von Befreiung gründet, zu verbinden mit dem Hoffen auf Befreiungserfahrung auch in der jetzigen Gefangenschaft, mit der Sehnsucht nach Erlösung und Rückkehr? Der Rückgriff auf ruhmreiche Epochen der Vergangenheit liefert wie von selbst die Vorbilder und Konstellationen für eine Vision der Zukunft. Die Gewissheit erfahrener göttlicher Zuwendung und Hilfe in zurückliegender Zeit bildet das Fundament des Vertrauens in eine neue zukünftige Ordnung. Kein Wunder also, wenn David, der glorreichste König der Geschichte seines Volkes, in den Vorstellungen eines neuen Israel einen wichtigen Platz erhält.

10. Warten auf das Kommen des Erlösers

Und du, Bethlehem Ephrat,
du kleinster unter den Gauen Judas,
aus dir soll mir der hervorgehen,
der Herrscher wird in Israel.
Sein Ursprung ist in der Vorzeit,
in unvordenklichen Tagen.
Darum gibt er sie preis bis zu der Zeit,
da sie, die gebären soll, geboren hat
und der Rest seiner Brüder zu den Kindern Israels heimkehrt.

Dann tritt er auf und weidet sie in der Kraft des Herrn,
in dem erhabenen Namen des Herrn, seines Gottes,
und sie wohnen ruhig.
Denn nun wird er groß sein
bis an die Enden der Erde.
Und das wird das Heil sein.

Befreiungsvisionen

So steht es im Buch des Propheten Micha. Micha lebte im achten Jahrhundert vor Christus. Er galt als „Unheilsprophet“: Er hielt der herrschenden Schicht seines Landes den Spiegel vor die Augen. Er forderte sie zur Umkehr, zur Änderung ihrer Lebenseinstellung, auf und warnte vor kommenden Gefahren. In dem ihm zugeschriebenen Buch sind Texte aus der Zeit vor der Verbannung, aus der Zeit des Exils in Babylon (das waren etwa die Jahre 597–536 v. Chr.) und aus nachexilischer Epoche zusammengestellt. Das Gedicht über Bethlehem stammt aus der Zeit nach der Babylonischen Gefangenschaft.

Die Weissagung aus dem Michabuch spricht von der Wiederkehr des Herrschers aus undenklicher Vorzeit, von der Heimkehr aus der Fremde und der Sammlung des zerstreuten Volkes. Das kleine Bethlehem wird hochgelobt – die Anspielung auf David ist unübersehbar. Darüber hinaus malt der Text ein Bild von der Ruhe einer künftigen Zeit des Heils. Auf geheimnisvolle Weise wird eine Geburt angedeutet. Kein Wunder, dass dieser Bibelabschnitt einer jener Texte ist, die traditionell im Advent verlesen werden, in jenen vier Wochen des Dezembers, in denen die Christen sich auf die Geburt des Jesuskindes vorbereiten.

Licht in dunkler Zeit

In Zeiten der Krise hilft eine Glaubenseinstellung häufig dabei, sich treu zu bleiben. Religiöse Überzeugung vermag Identität zu bewahren und zu bestärken. Man muss nicht weit schauen, um diesen Erfahrungssatz auch im heutigen Europa bestätigt zu finden: Die sozialen und politischen Gegensätze im Nordirland unserer Tage sind konfessionell aufgeladen. In Polen hat der Katholizismus wesentlich dazu beigetragen, den verschiedensten Überfremdungen zu widerstehen. Ähnliches galt und gilt vor allem aber für die orthodoxen Kirchen in Griechenland, Serbien und anderen Balkanländern in den Zeiten türkisch-islamischer Kolonisierung. Ebenso trifft es für das Russland Lenins und seiner Nachfolger zu, die die grausamsten Christenverfolgungen seit der Antike organisierten.

Für die jüdischen Heimatvertriebenen in Babylon und die in der zerstörten Heimat Gebliebenen der damaligen Epoche war das nicht anders. Befreiung aus der Gefangenschaft Ägyptens durch einen gottgesandten Führer, Größe dank eines von Gott bestimmten Königs war Bestandteil ihrer Geschichte und zugleich ein wesentliches Element ihrer Identität und ihrer Zusammengehörigkeit als Volk Gottes. Zuversicht auf Befreiung und Ende der Erniedrigung waren schon immer in besonderer Weise mit der Gewissheit verknüpft, von Gott befreit worden zu sein.

Hoffen auf Erlösung

An den Glauben der Väter wurden die Vertriebenen erinnert, wenn sie in den heiligen Schriften ihres Volkes lasen. So ist es nicht erstaunlich, dass in der Exilsperiode die biblischen Texte mit besonderem Eifer gesammelt und bearbeitet wurden. Und gelesen. Sie stellten die Verbindung her zu einer Vergangenheit, die weniger triste war als die Gegenwart. Der Alltag war ja weiß Gott nicht sonderlich ruhmreich, weder im ausländischen Exil noch in den schwierigen Aufbaujahren danach. So suchte man Trost in den alten Überlieferungen. Man forschte nach Zeichen der Hoffnung. Und man fand sie.

> Das Volk, das im Finstern wandelt,
> sieht ein großes Licht;

Die im Lande des Dunkels wohnen,
über ihnen strahlt ein Leuchten auf.

Ein anderes Prophetenwort (Jesaja 9,1), das so gut in die dunklen Tage des Advents passt, wenn an jedem der Sonntage im Dezember ein Licht mehr angezündet wird.

Kritiker leben gefährlich

Dabei waren die prophetischen Visionen dieser Texte ursprünglich gar nicht auf eine endzeitliche Gestalt bezogen. Die Rolle des Propheten war ja zunächst einmal die eines politischen Kommentators und Mahners. In der Regel ließ er einen ganz konkreten König in den Spiegel blicken: Er hielt ihm das ideale Herrscherbild vor Augen. Er zeigte ihm, wie der von Gott erwählte König aussehen solle und wie nicht, was er zu tun habe und was nicht. Das war ein Job, der seinem Inhaber meist mehr Ärger als Anerkennung eintrug.

Ein Reis wird hervorgehen aus dem Stumpf Isais,
und ein Schössling aus seinen Wurzeln Frucht tragen.
Auf ihm wird ruhen der Geist des Herrn,
der Geist der Weisheit und der Einsicht,
der Geist des Rates und der Stärke,
der Geist der Erkenntnis und der Furcht des Herrn.

Sein Wohlgefallen wird er haben an der Furcht des Herrn.
Er wird nicht richten nach dem, was seine Augen sehen,
noch Recht sprechen nach dem, was seine Ohren hören.
Er wird die Armen richten mit Gerechtigkeit,
den Unterdrückten im Lande wird er Recht sprechen mit Billigkeit.

Den, der Willkür übt, wird er schlagen mit dem Stab seines Mundes,
den Gesetzlosen wird er töten mit dem Hauch seiner Lippen.
Gerechtigkeit wird sein Gürtel sein,
Aufrichtigkeit der Gurt seines Leibes.

Regierungsanweisungen

Wiederum ein wunderschöner Text voll dichterischer Kraft, mit einer knallharten politischen Botschaft an den zeitgenössischen Amtsinhaber des Königthrons: Der wahre König ist beseelt vom Geist des Herrn, er folgt seinen Geboten. Konkret heißt das: Der König soll nicht nur nach dem richten, was ihm vorgetragen wird, sondern der Rechtslage auf den Grund gehen. Er gibt auch den Armen recht, nicht nur den Reichen. Er schützt die einfachen Leute vor der Gewalt derer, die Macht und Einfluss haben. Denn die Richtschnur seines Handelns ist Gerechtigkeit. Auf diese Weise wird Frieden sein, Schalom.

Im Verständnis des alten Israels bedeutet Friede nicht nur das Fehlen von Krieg oder der Verzicht darauf, Feinde zu unterwerfen. Friede, Schalom, herrscht vielmehr dann, wenn gerechte, gesunde, heile Beziehungen zwischen den Mitgliedern eines Volkes bestehen und zwischen den Völkern.

Ähnlich präzise in seinen Vorstellungen von gerechtem Regieren wie die obige Stelle aus Jesaja 11,1–5 liest sich auch ein anderer traditioneller Adventstext (Sacharja 9,9–10):

> Frohlocke laut, Tochter Zion!
> Jauchze, Tochter Jerusalem!
> Sieh, dein König kommt zu dir.
> Gerecht und siegreich ist er.
> Demütig ist er und reitet auf einem Esel,
> auf dem Füllen einer Eselin.
>
> Er wird die Streitwagen ausrotten aus Ephraim
> und die Rosse aus Jerusalem.
> Vernichtet werden auch die Kriegsbogen.
> Er schafft den Völkern Frieden durch seinen Spruch,
> seine Herrschaft reicht von Meer zu Meer,
> vom Euphrat bis an die Enden der Erde.

Hier wird gegen die Regierungspraktiken der Diadochenzeit polemisiert, jener Herrscher, die nach dem Zusammenbruch des kurzlebigen Großreichs Alexanders des Großen im Jahr 323 vor Christus mit aller Gewalt um die Macht kämpften. So nicht!, sagt der Prophet, und schiebt ein militärisches Abrüstungsprogramm nach: keine Streitwagen – heute wären das Panzer –, keine Abschreckungspolitik, keine Artillerie. Der wahre Herrscher regiert durch das Wort, durch Gerechtigkeit. Er demonstriert seine Macht nicht hochnäsig hoch zu Ross, sondern reitet auf einem Eselsfüllen, in Demut und bescheiden.

Bilder gewaltfreier Herrschaft

Bescheidenheit – denn im Glauben Israels ist der eigentliche Herrscher Gott selbst. Die Vorstellungen königlicher Herrschaft, denen wir bei den Propheten begegnen, zeigen, dass sie göttliches Handeln erwarten. Gott hat David und seine Dynastie auf den Thron gesetzt. Der König ist der Gesalbte Gottes. Die Beschreibungen des wahren Herrschers, der den göttlichen Spielregeln entsprechend regiert, sind daher Bilder von dem, was sein soll – prophetischer Ausdrucksweise gemäß Entwürfe dessen, was sein könnte und einmal sein wird. Als solche treten sie Israel und seinen Machthabern entgegen. Diese kritische Gegenposition und ihre Zukunftsoffenheit verleiht ihnen ihre besondere Kraft.

Die prophetischen Herrscherbeschreibungen lassen sich leicht von dem einzelnen König, von einer konkreten historischen Situation, ablösen. Durch die Geschichte hindurch tragen sie das Bild vom zukünftigen Herrscher als Ankündigung künftiger göttlicher Herrschaft weiter. Damit sind sie als Zukunftsentwürfe offen für Zukunftssehnsüchte, für Befreiungs- und Erlösungsvorstellungen verschiedener Art. Ja, sie ziehen diese geradezu an und bieten den unterschiedlichsten Träumen von dem, was werden soll und kommen wird, Heimat.

11. Vorlagen für die Weihnachtsgeschichten

Einige Jahrhunderte später, zur Zeit Jesu, hat sich das geistige und politische Umfeld Israels grundsätzlich gewandelt. Die Welt ist eine völlig andere geworden, wenn man sie mit der Epoche Davids oder den Zeiten des Exils und des Nachexils vergleicht. Palästina kann sich den Umwälzungen seiner Umwelt nicht entziehen. Es wird einbezogen in den verwirrenden und bereichernden Austausch von Ideen und Kulturen, von Waren und Personen, von Kulten und Weltbildern, wie er für die hellenistische Welt kennzeichnend war.

Globalisierung und Individualismus

Politisch erlebten Jesu Zeitgenossen weltgeschichtliche Umwälzungen außergewöhnlicher Art. Sie waren Zeugen des Zusammenbruchs der nachalexandrinischen Epoche. Mit der Bildung eines umfassenden Weltreichs nahm der ihnen bekannte Kosmos eine neue Gestalt an. Nach der Schlacht von Actium im Jahre 31 vor Christus gehörte erstmals der gesamte Mittelmeerraum zu einem einheitlichen Imperium, dem römischen Kaiserreich des Augustus. Die Regionalkönige Palästinas wurden Satrapen, abhängig von den Entscheidungen Roms und seiner Statthalter.

Je universaler sich die politischen und wirtschaftlichen, geistigen und sozialen Zusammenhänge in diesem Weltreich gestalteten, desto mehr stellt sich dem jüdischen Zeitgenossen die Frage nach dem Ort des Einzelnen in dieser Umgebung. Neben der traditionellen Vorstellung von der Zugehörigkeit zu einem Gottesvolk und der Befreiung dieses Volkes durch einen irdischen Messias gewinnen individuelle und universale Befreiungs- und Erlösungsvorstellungen an Gewicht. Die politischen Umwälzungen nähren Vorstellungen vom Ende der Zeiten und von endzeitlichem Gericht. Das alles hat Folgen für die Beziehungen des Einzelnen zu Gott: Nicht mehr die Zugehörigkeit zum Gottesvolk rettet beim von vielen erwarteten Kommen des Weltenrichters, sondern das individuelle, gottgefällige Handeln des einzelnen Menschen.

Zeit der Messiasse

Wie verbreitet messianische Bewegungen zur Zeit Jesu waren, wie viele Messiasse wirklich aufgetreten sind, wissen wir nicht. Immerhin berichtet Lukas in der Apostelgeschichte an zwei Stellen von Aufständischen, die von ihrer Umwelt für den Messias gehalten worden sein können. Sicher ist, dass zu Jesu Lebzeiten Messiaserwartungen in der Luft lagen und politisch genutzt wurden. Sicher ist außerdem, dass für die junge christliche Gemeinde außer Zweifel stand, dass Jesus der erwartete Messias ist. Das war den ersten Christen so selbstverständlich, dass der Titel Messias, der Gesalbte, auf Griechisch: Christus, innerhalb kürzester Zeit zu einem festen Bestandteil der Namensbezeichnung des Jesus von Nazareth wurde: Jesus Christus.

Da ist es nur folgerichtig, dass die Christen der Urgemeinde die in der Zwischenzeit zu Weissagungen gewordenen prophetischen Texte der heiligen Schriften auf Jesus, den Christus, bezogen.

Schauen wir uns die von den Propheten des Alten Testaments verwandten Motive noch einmal an:

- Da ist die Rede von dem unbedeutenden Flecken Bethlehem, aus dem der Herrscher der Endzeit kommen wird (Micha 5).

- Da ist die Andeutung einer Geburt (Micha 5, Jesaja 9),
- der Geburt durch eine junge Frau oder eine Jungfrau (Jesaja 7).
- Es wird gesprochen von der Geburt eines Königs aus dem Stamm Davids (Jesaja 9 und 11),
- von Frieden auf Erden und einem Friedensfürsten (Jesaja und Sacharja),
- von einem König, der auf einem Esel dahergeritten kommt
- und unter Hosianna-Rufen in die Hauptstadt einzieht (Sacharja 9).

„Beweissagungen"

Wir sehen: In diesen – und weiteren – prophetischen Texten fand die Gemeinde die Vorlagen für die Gestaltung der Geschichten, die vom Kommen des Messias Jesus berichten: vom Einzug in Jerusalem unter Hosianna-Rufen auf einem Esel (Markus 11,1–11; Matthäus nimmt die dichterische Formulierung des Sacharja so ernst, dass er aus einem Reittier zwei macht – Matthäus 21,2) bis hin zur Geburt eines Friedenskönigs in Bethlehem, der Stadt Davids, durch eine junge Frau oder Jungfrau (Lukas 2, Matthäus 2). Je mehr die Gemeinde Geschichten von Jesu Wirken und Leben zu erzählen begann, desto mehr beweisen diese Geschichten, dass er der Messias ist – entsprechend den prophetischen Weissagungen. Mit diesem ständigen Rückbezug auf das Erste Testament sollten zugleich Zweifler und Kritiker überzeugt werden.[8]

12. Verstand Jesus selbst sich als Messias?

Der Weg ist nicht lang, doch die beiden Wanderer kommen nicht recht voran. Immer wieder bleiben sie stehen, ins Gespräch vertieft. Schmerz liegt auf ihren Gesichtern, sie schütteln die Köpfe. Dem Fremden, der sich ihnen unterwegs zugesellt hat, entgeht ihre Stimmung nicht. „Was ist los?", fragt er, „was beredet ihr so eifrig?" Wieder bleiben sie stehen. Sie schauen ihn erstaunt, fast vorwurfsvoll an. „Bist du der Einzige, der nicht mitbekommen hat, was in diesen Tagen in der Hauptstadt geschehen ist? Die Geschichte mit Jesus von Nazareth? Einem Propheten, machtvoll in Worten und Taten vor Gott und allem Volk? Wie ihn unsere Regierung verurteilt und gekreuzigt hat? Wir aber hatten gehofft, er sei der Erlöser Israels!“ (Lukas 24,13 ff.).

Ent-Täuschung

Sie, die Wanderer auf dem Weg zum Dörfchen Emmaus, waren nicht die Einzigen, die sich der Hoffnung hingegeben hatten, „er sei der, der Israel erlösen wird“. Lukas berichtet mehrfach von dieser Erwartung. Als Jesus und sein Trupp in die Nähe von Jerusalem gekommen war, „dachten sie, jetzt müsse im nächsten Augenblick das Gottesreich in Erscheinung treten“ (Lukas 19,11). Den Auferstandenen forschen die Jünger aus: „Willst du wohl, Herr, in dieser Zeit für Israel das Reich wiedererrichten?“ (Apostelgeschichte 1,6). Zwar sind alle diese Szenen von Lukas erzählerisch gestaltet. Doch geben sie vermutlich getreu die Erwartungen zumindest eines Teils derer wieder, die Jesus begleitet haben.

Die Gemeinschaften von Anhängern, die sich nach Jesu Tod und den Auferstehungserfahrungen bildeten, waren – wie schon mehrfach festgestellt – felsenfest davon überzeugt, Jesus sei der Messias, der lang erwartete Erlöser. Das ist ihr zentrales Bekenntnis. Dieses Bekenntnis, dieser Glaube, spiegelt sich auch in den Berichten und Geschichten, die die Gemeinde aus Jesu Leben überliefert. Besonders bei Matthäus, der am erkennbarsten judenchristliche Tradition verkörpert, taucht der Messiastitel „Sohn Davids“ mehrfach auf. Da wenden sich Blinde schreiend an Jesus und bitten ihn: „Erbarme dich unser, Sohn Davids!“ (Matthäus 9,27 u. ö.). Eine Kanaanäerin, eine Nichtjüdin, redet ihn mit dem jüdischen Messiastitel an: „Herr, Sohn Davids!“ (Matthäus 15,22). Das Volk, durch Jesu Heilungen in Ekstase versetzt, lässt Matthäus verwundert fragen: „Dieser ist doch nicht etwa der Sohn Davids?“ (12,23). Jesu Einzug in Jerusalem lässt er der prophetischen Verheißung folgend mit dem „Hosianna!“, dem Segens- und Jubelruf der jüdischen Passahliturgie aus Psalm 118,26 feiern.

Hoffnungsträger

Dass sich an Jesu Aufsehen erregendes Auftreten rasch politische Hoffnungen knüpften, dass Jesus sich Heilserwartungen politischer Natur gegenübersah, ist höchst wahrscheinlich. Anders sind die Passionsgeschichte und Jesu Verurteilung als politischer Rädelsführer zum Tode am Kreuz durch die römische Besatzungsmacht kaum zu verstehen. Aber können wir heute noch sagen, wie Jesus selbst zu den endzeitlichen Erwartungen stand, die seine jüdische Umwelt zweifelsohne an ihn herantrug? Wahrscheinlich hatten solche Hoffnungen bei vielen Zeitgenossen Jesu einen aufrührerischen Unterton: Wie schön wäre es, die Römer zu verjagen und in Israel die Davidsherrschaft wiederherzustellen!

Man hat immer wieder darüber spekuliert, ob Judas für seinen Verrat an Jesus politische Motive hatte. War Judas möglicherweise Sympathisant einer (sozial)revolutionären Gruppierung? Wollte er Jesus mit einem provokativen Akt vor vollendete Tatsachen stellen? Ihn zwingen, seine politische Hoheit endlich zu offenbaren?

Petrusbekenntnis – Satanswort

Judas war vielleicht nicht der einzige Jünger, der politische Träume hegte.

Unterwegs fragte Jesus seine Jünger:
„Was sagen die Leute, wer ich sei?“
Sie antworteten:
„Dass du Johannes der Täufer seiest;
andere: Elia;
noch andere: einer von den Propheten.“
Da fragte er sie:
„Und ihr? Was sagt ihr, wer ich bin?“
Petrus antwortete:
„Du bist der Messias!“
Jesus aber wandte sich um.
Den Blick auf die Jünger gerichtet,
herrschte er Petrus an:
„Geh mir aus dem Weg, Satan!
Denn nicht Gottesgedanken,
sondern Menschengedanken sind in dir!“

In dieser – vermutlich ältesten – Fassung der Geschichte (Markus 8,27–29.33) weist Jesus einen politischen Messiasanspruch scharf zurück. Jesu zentrale Botschaft heißt: „Die Zeit ist erfüllt, die Gottesherrschaft ist nahe! Kehrt um, glaubt an die Heilsbotschaft“ (Markus 1,15). Das Gottesreich reduziert sich nicht auf eine Wiederbelebung des davidischen Königreichs. Die Gottesherrschaft bringt nicht die Wiederkehr des Vergangenen. Sie bringt eine neue Zeit.

Die eben geschilderte Episode, die Markus in dem ihm überlieferten Material vorfand, hat er nun allerdings seiner Theorie vom Messiasgeheimnis entsprechend bearbeitet. Markus war der Überzeugung: Erst durch seinen Tod am Kreuz offenbart sich Jesus als der Messias. In der Zeit zuvor soll die messianische Qualität seines Handelns verborgen bleiben.

Darum fährt Jesus im Markustext die Jünger – nicht nur den Petrus, der das Bekenntnis ausgesprochen hat – hart an: „Niemand dürfe davon erfahren" (Vers 30). Zusätzlich fügt Markus in die alte Überlieferung vom Gespräch Jesu mit seinen Jüngern eine Erklärung ein, die auf den Messias ein völlig neues Licht wirft (Vers 31):

> Und er begann sie zu lehren.
> „Viele Leiden müssen den Menschensohn treffen.
> Von den Ältesten, Hohen Priestern und Schriftgelehrten
> muss er verworfen und getötet werden
> und nach drei Tagen auferstehen."

Messias im Sinne eines politischen Heilsbringers und Führers will Jesus nach diesem Text nicht sein. Gottes Herrschaft ist nicht ein Weg des Triumphs. Das konsequente Einstehen für Gottes Willen schließt Anfeindung und Verzicht mit ein. Nur durch die Überwindung von Unrecht und Gewalt, von Leiden und Tod führt der Weg zu neuem Leben, zu Nähe zu Gott. In Jesu klare und eindeutige Ablehnung eines Messiasbildes, wie sie den Vorstellungen und Träumen der jüdischen Umwelt und zumindest auch einiger seiner Anhänger entsprochen haben mag, interpretiert Markus Jesu Botschaft von der Gottesherrschaft hinein. Auf diese Weise gibt er dem Messiastitel einen ganz neuen Sinn. Der überraschte Petrus muss erfahren, dass die Errichtung politischer Herrschaft im Namen Gottes Satanswerk ist.

Petrusbekenntnis – Gottesoffenbarung

Ganz anders schildert Matthäus dieselbe Szene. Hier antwortet Petrus auf Jesu Frage: „Und ihr? Was sagt ihr, wer ich bin?", mit dem Bekenntnis: „Du bist der Messias, der Sohn des lebendigen Gottes!" In dieser Petrusantwort werden zwei messianische Hoheitstitel miteinander verknüpft. Sie stammen aus ganz unterschiedlichen Traditionen und hatten ursprünglich nicht Platz nebeneinander. Wir begegnen hier – im Munde des Petrus – dem Bekenntnis der nachösterlichen Gemeinde. In den Jahren, in denen Matthäus sein Evangelium schrieb, war die Gemeindetheologie schon weiterentwickelt; die Antwort, die Jesus dem Petrus bei Matthäus gibt, bestätigt das Gemeindebekenntnis (Matthäus 16,17):

Da antwortete Jesus:
„Selig bist du, Simon, Jonas Sohn;
denn das hat dir nicht ein Mensch
von Fleisch und Blut enthüllt,
sondern mein Vater im Himmel."

Angefügt ist die bekannte Einsetzung des Petrus an der Spitze der Hierarchie der christlichen Gemeinde. Dieses Wort hebt sich grundsätzlich von Jesu sonstiger Ankündigung der Herrschaft Gottes ab, ja sie widerspricht ihr geradezu. Sie spiegelt deutlich die Herrschaftsstrukturen der frühen Kirche wider (Vers 18):

„Du bist Petrus (der Felsenmann),
und auf diesem Felsen will ich meine Gemeinde erbauen."

Wir haben hier ein schönes Beispiel dafür vor uns, wie die frühe christliche Gemeinde ihr Bekenntnis ausgebildet hat. Auf der Suche nach einem zeitgemäßen Verständnis von Jesu Botschaft wurden seine Aussagen interpretiert und weiterentwickelt. Um der Neuformulierung Autorität und Überzeugungskraft zu geben, werden sie Jesus in den Mund gelegt. Und wir verstehen auch, warum die Kirche Jahrhunderte später, als sich die Strukturen des kirchlichen Apparates noch weiter verfestigt hatten, als man daranging, Evangelien und neutestamentliche Briefe in eine anerkannte Ordnung, einen Kanon, zu fügen, das Matthäus-Evangelium an die erste Stelle setzte, und nicht das ältere Markus-Evangelium.

Hoheitstitel: Ausdruck gläubiger Verehrung

Kommen wir zu einem Fazit: Um Jesu Besonderheit, seine Sendung und sein Wesen zu verstehen, greifen Umwelt und Nachwelt auf die Hoheitstitel zurück, die die endzeitlichen Heilserwartungen der damaligen Zeit zur Verfügung stellten: Davidssohn, Messias, Menschensohn. Zwar wird Jesus in den Evangelien als Sohn Davids angesprochen. Er selber indessen hat sich nie so bezeichnet. Die Rolle und Funktion eines Messias, der als politischer Befreier und Erlöser auftritt, hat er, nach allem was wir wissen, eindeutig von sich gewiesen. Bleibt die Frage: Hat sich Jesus als Menschensohn verstanden, als jenes präexistente himmlische Wesen, mit dessen Kommen das Weltgericht der Endzeit hereinbricht?

Nie wird Jesus als Menschensohn angesprochen. Das Wort begegnet nur im Munde Jesu selbst. Allerdings formuliert hier aller Wahrscheinlichkeit nach die nachösterliche Gemeinde. Sie ist sich der Tatsache gewiss, in

Jesus dem vollmächtig wirkenden, leidenden, auferstandenen und wiederkommenden Messias-Menschensohn zu begegnen. Die Forschung ist sich ziemlich einig: Dass Jesus selbst einen der messianischen Hoheitstitel für sich beansprucht hat, den die Tradition anbot, dafür gibt es keinen sicheren Beweis. Ohnehin ist die zentrale Botschaft Jesu die anbrechende Herrschaft Gottes, und nicht die Herrschaft eines Messias. Damit befindet er sich in Übereinstimmung mit zeitgenössischen Heilserwartungen, die davon ausgehen: Gott handelt selbst. Gott selbst wird handeln.

Mit einiger Sicherheit allerdings kann man sagen, dass Jesus sich in der Rolle eines endzeitlichen Mahners und Propheten gesehen hat. Als Prophet wird er auch von seiner Umwelt betrachtet, wie die Jünger berichten: als wiedererstandener Moses, Elias, Johannes der Täufer. Er selber hat den Titel Prophet wohl nicht beansprucht. Doch die Zeichen sind klar: Sein Wirken, seine Heilungen, seine Reden, seine provokativen Zeichenhandlungen sind zutiefst prophetisch. Sie verheißen die im Anbruch befindliche kommende Herrschaft Gottes.

13. Betrachtete Jesus sich als Gottes Sohn?

Göttersöhne gab es viele im Altertum. Am bekanntesten sind heute wohl noch die Eskapaden griechischer Götter. Zeus, der Boss im Olymp, war auch in dieser Hinsicht spitze. Immer wieder hatte er es auf hübsche Menschentöchter abgesehen. Europa, phönizische Königstochter, erlebte eine dieser Affären mit dem Götterchef und gab unserem Kontinent den Namen. Der Olymp, so mag es im Nachhinein scheinen, hatte seinerzeit die Funktion, die heute Hollywood zukommt mit den Sexgeschichten seiner Stars und Sternchen.

Doch die Hellenen waren helle. Bald schon kommen ihnen Zweifel, ob die Folklore der archaischen Mythologie wirklich etwas mit Gott zu tun haben könne.

Gott als Vater zu verstehen und demzufolge die Menschen als seine Kinder ist griechischen Philosophen zumindest seit der Stoa ein geläufiger Gedanke. „Gott zum Schöpfer und Vater und Beschützer zu haben, sollte uns das nicht von Leid und Furcht freimachen?“, meint etwa Epiktet, ein hellenistischer Denker des ersten nachchristlichen Jahrhunderts.[9] Auch sonst war die Vorstellung von Gott dem Vater den Religionen rund ums Mittelmeer durchaus geläufig.

Der Vater und sein Erstgeborener

Im alten Israel hat diese Vorstellung allerdings eine ganz spezifische Zuspitzung. Für Israel zeigt sich Gottes Vatersein in seinem Handeln, in Akten der Erwählung, in Taten der Befreiung. Dem mächtigen und meist als Gott verehrten ägyptischen Pharao soll Mose drohen: „So spricht der Herr: Israel ist mein Sohn, mein Erstgeborener. Ich befehle dir, lass meinen Sohn frei!“ (2.Mose 4,22 f.). Der Vater und sein Erstgeborener – mit diesen Worten wird eine ganz besondere, exklusive Beziehung angezeigt. „Ich bin Israels Vater geworden und Ephraim (= das Volk Israel) ist mein Erstgeborener“, heißt es beim Propheten Jeremia (31,9). Ich bin Vater des Volkes *geworden* – hier ist nicht die Rede von biologischer Abstammung, von Wesensgleichheit oder irgendwelchen Seinsqualitäten zwischen Vater und Sohn, sondern von Geschehen und Geschichte. „Als Israel jung war, gewann ich es lieb; aus Ägypten rief ich meinen Sohn“, lässt der Prophet Hosea Israels Gott mit Blick auf dasselbe historische Ereignis klagen (Hosea 11,1). Gott und sein Volk, Vater und Sohn – eine Liebesbeziehung.

Der Vater und seine Kinder

Auch bei Jesus ist das Verhältnis Gottes des Vaters zu seinen Kindern eine Beziehung der Liebe. Nur hat für ihn die Gotteskindschaft nicht mehr ausschließlich mit dem Volk Israel oder seinen Frommen zu tun, wie das bei einem Teil des zeitgenössischen Judentums der Fall war. „Bezieht eure Feinde in eure Liebe, in euer liebevolles Denken und Handeln, mit ein. *So* werdet ihr zu Söhnen eures Vaters im Himmel“, sagt Jesus in der Bergpredigt. „Seid vollkommen wie er es ist: Er lässt seine Sonne über Böse wie Gute aufgehen, er lässt regnen über Gerechte und Ungerechte“ (Matthäus 5,44 ff.). Die Besonderheit der Vater-Kind-Beziehung erweist sich im Verhalten, im Verhalten Gottes und dem diesem entsprechenden Denken, Reden und Handeln der Menschen.

Kennzeichnend für Jesus ist seine besondere Nähe zu Gott, sein tiefes Vertrauen in ihn. Eine Art kindliches Sich-fallen-Lassen aus der Gewissheit und Erfahrung heraus, von Gottes Liebe umfangen, in ihr aufgehoben zu sein. Das findet seinen Ausdruck zunächst in der Anrede an Gott: „Abba“,

Vater. Das Wort stammt aus dem Aramäischen, der Sprache Jesu. Es ist ein Ausdruck der Umgangssprache. „Abba, Papa", so redete ein Kind seinen Vater an. Die Verwendung dieses Kinderwortes ist unüblich in religiösem Zusammenhang, so unüblich, dass die griechischsprachige Gemeinde die Anrede übernommen hat. Paulus bezeugt es uns: „Durch ihn (den Geist der Sohnschaft) rufen wir: Abba, Vater!" (Römer 8,15). Der Ausdruck geht wohl auf Jesus selbst zurück.

Da sind weiter die Beweise der väterlichen Liebe und Fürsorge Gottes, die Jesus anführt. „Lasst euch nicht von den Sorgen des Alltags beherrschen. Euer Vater hat schon für euch gesorgt. Er weiß ja, was ihr braucht, noch ehe ihr ihn darum bittet!" (Matthäus 6,8.25 ff.). „Kann man nicht fünf Spatzen für zwei Cents kaufen? Und keiner von ihnen ist vor Gott vergessen. Habt keine Angst! Ihr seid mehr wert als eine Menge Spatzen!" (Lukas 12,6 f.).

Der Vater und der Sohn

Wenn man sich vor Augen hält, wie Jesus von der Herrschaft Gottes spricht, was er über Gottes Vatersein und das Kindsein der Menschen sagt, ist es ein großer Sprung zu der Bekenntnisaussage: Jesus Christus ist Gottes Sohn. In der Geschichte des christlichen Glaubens ist dieser Titel der folgenträchtigste geworden. Die anderen Hoheitstitel sind verblasst. Seit der zeitliche und geschichtliche Kontext vergangen ist, in dem Bezeichnungen wie Menschensohn oder Messias von jeder Person verstanden und in ihrer Bedeutung erfasst wurden, haben diese Titel Jesu an Überzeugungskraft eingebüßt.

Was für die Hoheitstitel Messias, Davidssohn, Menschensohn galt, bestätigt sich auch im Blick auf das Prädikat Gottessohn: In der ältesten Schicht der Jesusworte lässt sich kein Text finden, in dem Jesus sich selbst als Gottes Sohn in dem Sinne bezeichnet, wie die ersten Christen die Anrede verstanden. In dem Titel Sohn Gottes begegnen wir der Überzeugung und dem Bekenntnis der jungen Christengemeinde.

Das lässt sich am ältesten Evangelium, dem des Markus, noch gut zeigen. Schon der Prolog seines Werkes ist Programm: „Anfang der Heilsbotschaft von Jesus Christus, dem Sohn Gottes" (Markus 1,1). Allerdings fehlt der beigefügte Titel „Sohn Gottes" in wichtigen alten Handschriften – möglicherweise ist er erst später hinzugefügt worden. Als Sohn Gottes erkannt wird Jesus von den Dämonen, denen Jesus ja mit seinen Krankenheilungen machtvoll entgegentritt (5,7; 3,11). Die Bekenntnisse bei Verhör und

Kreuzigung (14,61 f.; 15,39) sind als Glaubensaussagen eher Gemeindebildungen.

Aufschlussreich ist Jesu Tauflegende. Ihr liegt eine Vorstellung zugrunde, die jedem Juden geläufig war: Wenn der von Gott auserwählte König den Thron besteigt, wird er zum Gottessohn. So lesen wir in den Königspsalmen:

> Könige der Erde stehen auf
> und Fürsten ratschlagen miteinander
> gegen den Herrn
> und seinen Gesalbten …
> Der im Himmel thront, lacht,
> der Herr spottet ihrer.
> Alsdann redet er sie an in seinem Zorn …
> „Habe ich doch meinen König eingesetzt
> auf Zion, meinem heiligen Berge!"
>
> Kundtun will ich den Beschluss des Herrn.
> Er sprach zu mir: „Mein Sohn bist du;
> heute habe ich dich gezeugt."
> (Psalm 2,4–7)

Und in Psalm 89, der Gott sprechen lässt, heißt es (Vers 27 f.):

> Er wird mich anrufen:
> „Mein Vater bist du,
> mein Gott und der Fels meines Heils."
> Ich aber will ihn zum Erstgeborenen machen,
> zum höchsten unter den Königen der Erde.

Vom Moment der Inthronisation an regiert der König über die Seinen. Die Vollmacht zu dieser Herrschaft hat ihm Gott verliehen. Durch den König handelt und redet Gott zu seinem Volk.

Sohn Gottes – auf Jüdisch

In enger Anlehnung an diese Vorlagen wird auch Jesus als von Gott bevollmächtigter Heilsbringer bestellt (Markus 1,9–11):

> In jenen Tagen geschah es:
> Da kam Jesus von Nazareth in Galiläa
> und ließ sich von Johannes im Jordan taufen.
> Und als er aus dem Wasser herausstieg,

sah er, wie der Himmel sich spaltete
und der Geist wie eine Taube auf ihn herabkam.
Und eine Stimme erscholl aus dem Himmel:
„Du bist mein Sohn, dem meine Liebe gehört.
Dich habe ich erwählt."

Die Beschreibung ist eindeutig: Jesus wird Gottes Sohn durch Gottes Handeln. In Analogie zur Inthronisation eines davidischen Königs legitimiert ihn die göttliche Stimme in seiner Position. Die Annahme als Gottes Sohn geschieht hier streng nach den Grundsätzen jüdischen Familienrechts: „Wenn jemand sagt: Dies ist mein Sohn, so ist er beglaubigt."[10] Das alles hat mit biologischer Abstammung und geheimnisvoller Geburt nichts zu tun. Die Gottessohnschaft Jesu ist Ausdruck einer von Gott zum Wohl der Menschen gewollten Dynamik. Die Mitteilung heißt: Jesus ist Gottes Sohn, weil Gott durch ihn handeln und sprechen will.

Der mythologische Bericht über Jesu Verklärung in Markus 9,2–8 ff. ergänzt und bestätigt Jesu Einsetzung als Gottes Sohn: In einer Vision sehen sich Petrus, Jakobus und Johannes, die drei Jünger, die Jesus am nächsten standen, auf den Gottesberg versetzt. Jesus ist im Gespräch mit Elia und Moses, den beiden Gottesmännern, deren Wiederkehr von den Frommen vor dem Anbruch der letzten Zeit erwartet wird. Eine Stimme aus dem Himmel verkündet und bekräftigt Jesu Annahme als Sohn Gottes: „Dies ist mein Sohn, dem meine Liebe gehört", und fügt hinzu: „Auf ihn sollt ihr hören!" Beide Erzählungen, die von Jesu Taufe und die von Jesu Verklärung oder „Konfirmation", sind Lehrstücke, eine Art Katechismus für die Gläubigen: Zusammenfassungen dessen, was die nachösterliche Gemeinde lehrte.

Gottes Sohn – auf Griechisch

Unglaublich schnell breitet sich der Glaube an Jesus, den von Gott gesandten Messias, den als Gottessohn eingesetzten Heilsbringer aus. In kürzester Zeit überschreitet er die Grenzen jüdischer Tradition und jüdischen Denkens. Er dringt vor in die von griechisch-hellenistischem Geist geprägte Welt. Dort begegnet ihm eine völlig andere Geistestradition. Da wird in anderen Begriffen gedacht, nach anderen Kriterien geurteilt, mit in griechischer Philosophie geschulten Kategorien argumentiert. Mit den Befreiungserfahrungen des Volkes Israel können Griechen wenig anfangen. Die jahrhundertealte Geschichte vom Handeln Gottes mit seinem Volk oder den Frommen Israels ist ihnen weitgehend unbekannt.

Damit steckt die junge christliche Gemeinde in einer Klemme. Will sie nicht eine innerjüdische Sekte bleiben, so muss sie sich auch dieser Welt verständlich machen. Sie muss sie davon überzeugen, dass mit dem Kommen Jesu Göttliches auf Erden geschieht. Dazu muss sie das Denken und die Sprache der neuen Umwelt annehmen. Sie muss in absoluten, eher statischen Begriffen wie Wesenheit und Sein, Substanz und Natur zu erklären versuchen, was sie meint. Geschichtliche Erfahrung ist in dieser Geisteswelt keine Kategorie des Glaubens, die überzeugt.

Die junge christliche Gemeinde hat sich schnell auf griechisches Denken eingestellt. Dieser Schritt hat das Christentum zur Weltreligion gemacht. Der Preis allerdings war hoch. Denn diese Entwicklung hat die Urgemeinde in heftigste Konflikte gestürzt (schon Paulus berichtet davon). Sie hat der Kirche jahrhundertelangen Streit beschert. Die Fragen: Ist Jesus Gott gleich oder ihm nur ähnlich? Und wenn er als Gottes Sohn göttlicher Natur ist, wie kann er dann zugleich Mensch sein?, haben Konzile beschäftigt, Rechtgläubige und Ketzer produziert, Kirchenspaltungen geschaffen. Dabei ging es um Wahrheit und Rechthaberei, um Macht und Einfluss, Rivalität und persönliche Eitelkeiten, Politik und Geld, Vorherrschaft und Unterwerfung.

Eine Entwicklung begann, in deren Verlauf inzwischen jahrhundertealte Bekenntnisformeln entstanden. Zu ihnen haben heute nur noch wenige einen echten inneren Bezug. Ja, vielen Menschen unserer Zeit verbauen die ehrwürdigen Formeln eher den Zugang zu dem, was Jesus bewegte und was er bewegen wollte.

14. Wie Maria Jungfrau wurde

Regungslos kniet eine Frauengestalt in der Seitenkapelle der Kirche. Gedämpftes Licht fällt durch die bunten Scheiben. Der Raum ist in geheimnisvollen Dämmer gehüllt. Kerzen erhellen das Halbdunkel. Unbeweglich blickt die Marienfigur auf die Betende herab.

Die Frau hat ihren Einkaufskorb neben die Bank gestellt. Auf dem Heimweg vom Markt blickt sie auf einen Sprung bei ihrer Madonna herein. Sie schöpft Kraft aus der Versenkung ins Gebet. Der Alltag ist nicht immer leicht. Hier ist ein Ort, wo sie ihr Herz öffnen, sich anvertrauen kann, vorbehaltlos. Hier kann sie große und kleine Sorgen vortragen und um Hilfe bitten. Lautlos bewegen sich die Lippen, um ein persönliches Zwiegespräch mit der Gottesmutter zu führen oder ein Ave-Maria nachzusprechen, jenen täglich millionenfach wiederholten Gruß des Engels aus dem Vorspann des Lukas-Evangeliums (Lukas 1,28):

> Sei gegrüßt, du Begnadete.
> Der Herr ist mit dir.

Frieden und Ruhe umhüllen die betende Gestalt.

Jesus war nicht unehelich

Die Auffassung, Maria habe Jesus als Jungfrau zur Welt gebracht, ist eines der ganz heiklen Themen der Christentumsgeschichte. Daran ändert auch nichts, dass diese Ansicht, von Konzilen als kirchliche Lehre beschlossen, Eingang in verbindliche christliche Glaubensbekenntnisse gefunden hat. Noch heute bekennen Gottesdienstbesucher ihren Glauben in der Sprache einer weit zurückliegenden Zeit: „Ich glaube … an Jesus Christus, seinen Sohn, unsern Herrn, empfangen durch den Heiligen Geist, geboren von der Jungfrau Maria …"

Die Zeitgenossen Jesu und die allerersten Christen wussten jedenfalls noch nichts von einer jungfräulichen Geburt Jesu. Das haben wir schon gesehen: Die ältesten Berichte von Jesu Wirken und Leben reden ganz selbstverständlich von Jesus als dem aus Nazareth stammenden erstgeborenen Sohn Josefs und Marias. Die Nachweise der davidischen Abstammung Jesu führten ursprünglich alle zu Josef hin. Und Paulus sieht in dem letzten Dokument, das er hinterlassen hat, dem Brief an die Römer, jüdischem Denken und jüdischer Rechtspraxis folgend, in der Gottessohnschaft Jesu einen Akt königlicher Einsetzung aufgrund eines göttlichen Beschlusses. (Siehe oben die Kapitel 3 und 7.)

Wo Wunder Wunder wirken

Irgendwann irgendwo indessen reichte die Vorstellung von der göttlichen Adoption offensichtlich nicht mehr aus. Die Gottessohnschaft Jesu war auf diese Weise nicht mehr überzeugend zu vermitteln. Jesus Christus, der Herr, musste Gottes Sohn nicht bloß heißen, sondern auch *sein*. Die Vermutung liegt nahe, dass diese Neuinterpretation beim Übergang des frühchristlichen Glaubens von der jüdisch-palästinensischen in die hellenistische Lebenswelt geschah. Denn eine solche Anschauung konnte ja nur in einer Umgebung Fuß fassen, die eine göttliche Zeugung zwar als wundersam, nicht jedoch als gotteslästerlich empfand.

Für antikes Denken war die mysteriöse Geburt eines religiösen Helden kein Problem. Hellenistische Zuhörer kannten solche Geschichten. Sie waren mit ihnen aufgewachsen. Über Wunder, auch biologische, wunderten sie sich nicht. Im Gegenteil, sie hörten sie gerne. Eine wunderbare Herkunft konnte die besondere Stellung des Jesus Christus überzeugend veranschaulichen. Wundergeschichten konnten der Sache Jesu also durchaus Anhänger gewinnen. Johannes schreibt das am Ende seines Evangeliums ganz offen:

„Viele andere Zeichen hat Jesus vor seinen Jüngern getan, die in diesem Buch nicht aufgezeichnet sind. Diese aber sind hier aufgezeichnet, damit ihr glaubt, dass Jesus der Messias, der Sohn Gottes ist, und in solchem Glauben das Leben habt in seinem Namen" (Johannes 20,30 f.).

Damit ihr glaubt: Was heute eher Skepsis und ungläubige Verwunderung hervorruft, hat damals Glauben und zustimmende Bewunderung bewirkt.

Ein Klarstellungsversuch

Wenn Jesus göttlich gezeugt ist, so verändert sich auch die Rolle seiner Mutter. Ihre Position und Bedeutung muss dann auf zeitgemäße Weise neu dargestellt werden.

Dem Ergebnis eines solchen Interpretationsprozesses begegnen wir in der Ankündigungsszene von Jesu Geburt. Diese Legende aus den Vorgeschichten des Lukas-Evangeliums (1,26–38) ist von großer dichterischer Kraft:

Im sechsten Monat wurde der Engel Gabriel von Gott
in eine Stadt in Galiläa mit Namen Nazareth
zu einer Jungfrau gesandt,
die mit einem Manne namens Josef verlobt war.
Sie stammte aus Davids Geschlecht und hieß Maria.
Der Engel trat zu ihr ein und sagte:
„Sei gegrüßt, du Begnadete! Der Herr ist mit dir."
Doch sie erschrak bei dieser Anrede und dachte bei sich:
Was ist das für eine Begrüßung?

Da sagte der Engel zu ihr:
„Fürchte dich nicht, Maria!

Denn du hast Gnade bei Gott gefunden.
Siehe, du wirst schwanger werden und einen Sohn gebären.
Dem sollst du den Namen Jesus geben.
Er wird groß sein,
und ein Sohn des Höchsten heißen.
Gott der Herr wird ihm verleihen
den Thron Davids, seines Vaters.
Er wird über das Haus Jakob auf ewig König sein,
seine Herrschaft wird kein Ende haben."

Maria aber sagte zu dem Engel: „Wie soll das geschehen?
Ich habe ja doch mit keinem Mann Verkehr!"

Der Engel antwortete:
„Der Heilige Geist wird über dich kommen,
und die Kraft des Höchsten wird dich überschatten.
Durch solche Zeugung wird (dein Kind) heilig sein
und Gottes Sohn heißen.
Auch deine Verwandte Elisabeth
hat in ihrem Alter einen Sohn empfangen.
Sie, die man für unfruchtbar hielt,
befindet sich nun schon im sechsten Monat. Denn:
Bei Gott ist kein Ding unmöglich."

Da sagte Maria: „Siehe, ich bin des Herrn Magd.
So geschehe mir, wie du gesagt hast."
Da verließ der Engel sie.

Von Widersprüchen befreit

In dieser Darstellung ist alles, was widersprüchlich wirken und Missverständnisse wecken könnte, geglättet. Maria war mit Josef verlobt, nicht verheiratet. Aus ihrem eigenen Mund hören wir, dass sie noch keinen Geschlechtsverkehr hatte, also Jungfrau ist. Der göttliche Bote kündigt die wunderbare Schwangerschaft in den Worten des biblischen Propheten an:

Darum wird der Herr selbst
auch ein Zeichen geben:
Siehe,
die herangewachsene junge Frau
ist/wird schwanger,
sie gebärt einen Sohn

und gibt ihm den Namen Immanuel
(das heißt: Gott mit uns).

Diese Prophezeiung des Jesaja (7,14) war ursprünglich eine Unheilsankündigung an den in Jerusalem herrschenden König (so Vers 16). Sie wurde später messianisch gedeutet und ergänzt (Vers 15). Wieder einmal dient also ein messianisch verstandener Bibeltext als Bestätigung der Bedeutung Jesu und als Vorlage für eine Jesus-Geschichte.

Bekräftigt wird die Wunderankündigung zudem durch einen alten Hymnus, den wohl die Messias-Gewissheit jüdischer Christen hervorgebracht hat.

Die Fassungslosigkeit der Maria angesichts der Vorhersage einer jungfräulichen Geburt beantwortet der göttliche Bote erneut mit einem Hymnus. Ihm schließt sich als ausdrückliche Wunderbestätigung wieder ein Bibelwort an: „Ist denn irgendetwas unmöglich für den Herrn?" (1.Mose 18, 14). Auf diese Weise werden die Geschichten der Elisabeth und der Maria, der Mutter Johannes' des Täufers und der Mutter Jesu, mit unfassbaren Schwangerschaften verknüpft, die in der Väterzeit Israels den Frauen der Patriarchen widerfuhren. Das aus der Vorzeit berichtete Wunderhandeln Gottes dient dem Lukas als Modell. Zugleich bestätigt es das Angesagte und schließt jeden Zweifel aus.

Das erste Madonnenbild der Christentumsgeschichte

In der Szene der Ankündigung durch den Engel malt Lukas – in Worten – zugleich das erste Madonnenbild[11] der christlichen Geschichte:

Maria, die Jungfrau, die Reine, begnadet und von Gott auserwählt. Maria, die zwar verwundert, aber demütig Hörende.

Maria, das Gegenbild zur Ahnfrau Sara, die auf die vom Engel angesagte Schwangerschaft in hohem Alter ungläubig lachend reagiert (1.Mose 18,12).

Maria, die die göttliche Botschaft und ihr Schicksal gläubig Annehmende: „Siehe, ich bin des Herrn Magd. Mir geschehe, wie du gesagt hast."

Damit sind die Hauptlinien einer tausendjährigen Verehrungs- und Vorbildtradition vorgezeichnet.

Der ursprüngliche Sinn dieser Erzählung war sicher, die Bedeutung Jesu zu bekräftigen. Die Jungfrauengeburt – ein ausgestreckter Zeigefinger. Er soll darauf hinweisen: Jesus ist wirklich und leibhaftig Gottes Sohn. Kein anderer Hoheitstitel schien ihn und seine Bedeutung angemessener zu beschreiben. Die Verkündigungsszene sollte diese Aussage unterstreichen. Dem diente ursprünglich auch die Vorstellung von der „unbefleckten“ Empfängnis Marias und von der jungfräulichen Geburt.

Bald entwickelt die Marien-Darstellung des Lukas allerdings ihre eigene Dynamik, und zwar in unterschiedliche Richtungen.

15. Auf dem Wege zur Gottesmutter

Zu Beginn eine Randfigur, nur im Nebenhinein erwähnt, nach Ostern, in der palästinensischen Urgemeinde, als Mutter des Herrn hochgeachtet, wenig später schon im Zentrum volkstümlicher Gläubigkeit und frommer Anbetung – die Verehrung Marias hat sich mit geradezu atemberaubender Geschwindigkeit entwickelt. Vielerorts stellte die um sich greifende Marienfrömmigkeit bald alle anderen christlichen Glaubensinhalte in den Schatten. Marienanrufung und Mariengebet, Mariengesang und Madonnendarstellungen in Bild und Skulptur, Mariendichtung und -erzählungen, Madonnenerscheinungen und der Gottesmutter zugeschriebene Wunder, Marienkirchen und -wallfahrtsorte, Marienpredigten und Mariendogmen, von solchen der kirchlichen Hierarchie bis zu denen des Volkes vor den Türen der Kapellen – die Frömmigkeitsgeschichte der Marienverehrung ist vielfältig, reich und bunt.[12]

Modell der Toleranz

In den Ursprüngen des christlichen Glaubens hat Maria, die Mutter Jesu, ganz unterschiedliche Beachtung und Wertschätzung erfahren. Es gab abweichende, ja gegenläufige Auffassungen. Paulus und die verschiedenen Äußerungen in den ersten drei Evangelien legen davon, wie gezeigt, ein beredtes Zeugnis ab. Ebenso Johannes, der vierte Evangelist. Er schrieb sein Buch vermutlich um das Jahr 100, zu einer Zeit, als das Konzept von Marias Jungfrauschaft in anderen Gemeinden schon fest verankert war. Bei Johannes indessen ist von dieser Anschauung nicht die geringste Spur zu finden. Im Gegenteil, der vierte Evangelist vertritt eine ganz eigene Vorstellung vom Kommen Jesu und seiner Präsenz in der Welt: Für Johannes ist Jesus der Logos, das lebendige Wort Gottes. (Logos heißt im Griechischen Wort und ist männlich). Als Logos war er existent von Anfang an (Johannes 1,1–2).

Im Anfang, vor aller Zeit, war er, das Wort.
(Und er, das Wort, war bei Gott,
und Gott war das Wort.)
Dieser war im Anfang bei Gott, vor aller Zeit.

Doch auch die johanneische Gemeinde hat Maria in hohem Ansehen gehalten. Nur im Johannesevangelium ist Maria anwesend, als Jesus am Kreuz stirbt. Jesus vertraut sie vor seinem Tod seinem Lieblingsjünger an: „Sieh, das ist deine Mutter!" (Johannes 19,26 f.).

In der frühen christlichen Gemeinde hatten demnach die unterschiedlichsten Strömungen nebeneinander Platz. Anschaulich stellt sich uns dar, wie christliche Frömmigkeitsinhalte zustande gekommen sind und wie sie sich entwickelt haben. Zugleich haben wir ein wunderschönes Beispiel für Offenheit und Toleranz vor Augen: Man kann im Blick auf Glaubensinhalte und deren Interpretation durchaus abweichender Meinung sein. Differenzen sind nicht entscheidend. Ökumene bedeutet Vielfalt, Vielfältigkeit des Glaubens, des Verstehens, des Liebens. Wo die Vielseitigkeit gläubigen Bekennens in die Uniform ein für allemal festgelegter Formeln gezwängt wird, muss Glaube absterben. Für alle und für alle Zeit gleich gültige Bekenntnisse haben Gleichgültigkeit zur Folge. Denn der Geist des Lebens und der Vielfalt, Gottes Geist, weht, wo er will. Ausschlaggebend ist die Gemeinsamkeit der Überzeugung, in der Botschaft von Jesus etwas Letztgültigem zu begegnen.

Korrekturen, Missverständnisse, Spott

In der Geschichte der Frühen Kirche ist aber auch eine gegenläufige, weniger tolerante Tendenz zu beobachten. Schon bald wurde als anstößig empfunden, wenn die Texte der Evangelien nicht mit der „reinen Lehre" von der Jungfräulichkeit übereinstimmten. An den einschlägigen Evangeliumstexten ist außerordentlich viel herumkorrigiert worden, um den Wortlaut für das eigene Sprachgebiet oder die jeweilige Gemeindetradition passend zu machen. Die zahlreichen Varianten in den ursprünglichen Handschriften belegen das.

Auf der anderen Seite gab es Missverständnisse. Und Spott. Jesus sei unehelich geboren. Die Theorie von der Jungfrauengeburt solle nur einen Fehltritt kaschieren. So polemisierten schon bald jüdische Rabbiner und andere Kritiker gegen die christliche Überzeugung, in Jesus sei der lang erwartete Messias erschienen. Die These von der Unehelichkeit hat sich bis in unsere Tage gehalten. Sie taucht sogar in theologischen Kommentaren auf. Im Nazi-Deutschland diente sie gar als Ariernachweis für Jesus: Maria sei von einem im römischen Heer beschäftigten germanischen Soldaten geschwängert worden und daher sei Jesus vom Vater her arischer Abstammung.

Hat Maria Anteil an der Frauenfeindlichkeit des Islam?

Muslime halten es durchaus für möglich, dass Maria vor der Geburt „keinen Mann kannte". Sie habe sich ihre Schwangerschaft vielleicht im Hammam, im Gemeinschaftsbad, eingefangen, kann man hören. (Im Gegenzug lästerten christliche Apologeten genüsslich oder voll schockierter Faszination über Vielweiberei und Liebesleben des Propheten Mohammed.) Der Islam vertritt ohnehin – bei allem Respekt gegenüber Marjam, der Mutter des „Masih (Messias) Isa" – eine eher marienkritische Tendenz. Als recht virile Religion[13], von erobernden Reiterheeren verbreitet, stieß er im 7. Jahrhundert im Osten des Mittelmeerraumes auf ein „feminin" geprägtes Christentum: In glühender Verehrung wurde dem Marienkult gehuldigt. Mit blühender Fantasie wurden Marias Kindheit und Jugend, ihr Leben auf Erden und im Himmel in Legenden und Erzählungen ausgemalt und sogar in Evangelien festgehalten (z. B. im Protevangelium eines Jakobus). Ausgiebig wurden Marienliturgien zelebriert und Marienfeste gefeiert. Das alles geschah auf dem Boden von Kulturen, die jahrtausendelang weiblichen Gottheiten gehuldigt hatten. Den in Kargheit aufgewachsenen Wüstensöhnen Arabiens war das fremd und offenbar höchst verdächtig. Es ist nicht auszuschließen, dass die Begegnung mit dieser Ausprägung christlicher Marienfrömmigkeit die frauenfeindlichen Tendenzen des Islams bestärkt hat.

Es ist schon tragisch: Angetreten, um Jesu Bedeutung klarzustellen und Missverständnisse zu vermeiden, wird die Deutung von Jesu Geburt als jungfräulich selber zur Quelle vielfältiger Missverständnisse und befremdeten Unverständnisses.

Die holdselige Jungfrau und ihre fanatischen Anhänger

Die Hafenmetropole Ephesus im Jahr 431. Von weit her reisen Bischöfe und Delegierte zum Konzil an. Es soll unter anderem um die „substantia", die Wesenheit der Jungfrau Maria gehen. Im Volk hat sich eine neue Beschreibung Marias wie ein Lauffeuer verbreitet: „Theotokos", Gottesgebärerin wird sie von einigen genannt. Dieser Begriff jedoch schafft den Theologen Probleme: Wenn Maria Jesus, der von göttlicher *substantia*/Wesenheit ist, geboren hat, muss sie dann nicht selber von göttlicher *substantia* sein? Und wenn das so ist, ist sie dann als Gebärerin des Sohnes diesem nicht überzuordnen? Wird sie damit aber nicht zur Göttin – neben Gott?

Dem Patriarchen Nestor aus Konstantinopel war die neue Entwicklung nicht ganz geheuer. Einem schlichten Gläubigen in seiner Einfalt und Begeisterung mochte er noch zubilligen, von Maria als der Gottesgebärerin zu schwärmen. Die Kirche aber solle andere Attribute wählen wie etwa das fast gleich klingende „Theodochos", Gottesempfängerin, oder besser noch „Christotokos", Christusgebärerin. Nestor konnte sich dabei auf gewichtige Stimmen vor ihm berufen. Hatte nicht schon Ambrosius, der mächtige Bischof von Mailand und geistige Vater Augustins, betont: „Es lenke niemand auf die Jungfrau ab: Maria war der Tempel Gottes, nicht der Gott des Tempels."[14]

Cyrill, dem einflussreichen Patriarchen von Alexandrien, wiederum war das nicht genug. Machtsüchtig und autoritär, streitsüchtig und skrupellos versucht er mit allen Mitteln, mit Intrigen und Betrug, seine eigene Position durchzusetzen. Was ihm auch gelingt. In einem zweifelhaften Verfahren – Cyrill eröffnet das Konzil, bevor alle Delegierten eingetroffen sind – wird Nestor von der Synode abgesetzt. Dem Volk allerdings dauern die theologisch-politischen Spielchen viel zu lange. Während die Bischöfe noch zwischen Marienverehrung und Marienanbetung zu unterscheiden suchen, zieht die aufgeregte Menge zu einer Kirche, die sie „Maria Mutter Gottes" nennen. Dort lauschen sie ergriffen einer flammenden Predigt zu Ehren der Gottesgebärerin. Besagte Kirche ist der Legende nach übrigens der Ort, von dem aus Maria in den Himmel aufgefahren sein soll.

Der abgesetzte Patriarch Nestor mag sich beim Verlassen der Stadt an den Aufruhr erinnert haben, dem die Reisegefährten des Apostels Paulus in Ephesus Jahrhunderte zuvor beinahe zum Opfer gefallen wären. Vom aufgehetzten Volk waren sie gekidnappt worden, weil sie angeblich „das Heiligtum der großen Göttin Artemis missachtet" hatten (Apostelgeschichte 19,27).

Jungfräulichkeit, Askese und Gewalt

Die eifrigsten, ja fanatischsten Marienverehrer waren, nicht nur in Ephesus, die Mönche. Kein Wunder: Mit der Erhöhung Marias werden sie selber erhöht. War Maria nicht das Vorbild gehorsamer Unterwerfung unter Gottes Willen – und hatten nicht auch sie sich der Ordnung klösterlichen Gehorsams und asketischen Lebens unterworfen? Hatte sie, die – wie es bald hieß – Ewig-Jungfräuliche, nicht der Sexualität entsagt, wie sie auch?

Mönchtum – das ist der Verzicht auf wesentliche Möglichkeiten des Menschseins: auf freie Entscheidung über die eigene Lebensführung, auf Besitz, Lebensfreude und Lebensgenuss, Sexualität und Familie. Jeder Verzicht erfordert Verarbeitung – oder Kompensation. Der Lohn für den Rückzug von der Welt und die mönchische Askese war das Himmelreich – und das Bewusstsein, besser zu sein als die gewöhnlichen Gläubigen.

Schlimm, wenn einer diese fromme Rechnung in Frage stellte. Der Mönch Jovinian zum Beispiel. Nach Jahren extremer Askese hatte er angefangen, sich biblische Gedanken zu machen. Ergebnis: Dank der Taufe ist allen Christen derselbe Lohn im Himmel verheißen. Wobei er sich auf Jesus und das Gleichnis von den Arbeitern im Weinberg berufen konnte (Matthäus 20,1 ff.). Jovinian warnte daher vor dem Irrglauben, Ehelosigkeit begründe ein besonderes Verdienst vor Gott. Als Mönch hatte er weite Teile der Bibel auswendig gelernt. So war ihm auch die Stelle bei Matthäus (1, 24 f.) nicht unbekannt, in der es heißt: Josef „nahm seine Frau zu sich. Er hatte keinen Verkehr mit ihr, bis sie einen Sohn gebar." Nun fragte er sich, ob man Maria nach der Geburt Jesu eigentlich noch als Jungfrau bezeichnen könne, diese Eigenschaft komme ihr ja eigentlich nur *vor* der Geburt Jesu zu.[15]

Wie man sich vorstellen kann, ließ die heilige Empörung der Frommen nicht lange auf sich warten. Jovinian hatte nicht nur die eigennützige Seite des asketischen Ideals enthüllt. Er hatte auch den Marienenthusiasmus in Frage gestellt. Das verziehen ihm seine Gegner nicht. Er wurde als Ketzer verdammt, aus der Kirche ausgeschlossen, misshandelt und verbannt. Diese „brüderliche Belehrung" hat er nicht lange überlebt. Auf einer dalmatischen Insel starb er wenig später. Jovinians Schicksal ist nicht das erste und leider auch nicht das letzte Beispiel dafür, wie lebensgefährlich es werden kann, wenn sich fanatische Rechtgläubigkeit, kirchliche Macht, Sexualaskese und Sadismus miteinander verbünden.

16. Maria und das gespaltene Frauenbild des Abendlandes

Das Mittelalter ist eine Epoche heftigster Gefühlsausbrüche. Die Menschen sind fähig zu heißester Leidenschaft und tiefster Inbrunst, panischer Angst und brutalster Grausamkeit. Da ist kein Platz für Halbherzigkeiten. Entweder gut: Man verlässt Frau und Kind, lässt Haus und Hof stehen und liegen und schließt sich spontan einer Kreuzzugshorde an. Oder böse: Ohne großen Skrupel ermordet man Nachbarn oder gar Familienangehörige als Ketzer oder Hexen.

Die Jungfrau, das Maß alles Weiblichen

Auch der Hohedienst Unserer Lieben Frau entzieht sich dieser extremen Logik nicht. Das Motto heißt: „Stark wie der Tod ist die Liebe" (Hohes Lied 8,6). Dieses Leitmotiv führt auf der einen Seite zu Leidensmystik: „Es ging darum, mit oder wie Maria zu lieben und zu leiden, Marias Lieben und Leiden zu erwidern."[16] Auf der anderen Seite entwickelt sich – es sind die Zeiten des Minnesangs – eine ausgeprägte Glaubenserotik. Sie bestimmt fortan das Bild Unserer Lieben Frau, und damit der Frau schlechthin. Maria ist nicht nur die Demütige, Reine und Gerechte, die sich Gottes Willen unterwirft. Sie ist die über alle Maßen Schöne, die Inkarnation weiblicher Schönheit. Sie verkörpert Hoheit und Wohlgestalt ohnegleichen.[17] In Maria wird die Himmelskönigin und zugleich Frauenschönheit schlechthin verehrt und angebetet.

Kurioserweise ist die holdselige Jungfrau auch die Schutzpatronin der Kreuzritter geworden, jener Horden rauer Berufsräuber und -krieger, die uns vor allem noch aus den Kreuzzüge genannten Kolonisierungskriegen des frühen Mittelalters in Erinnerung sind. (Wohl immer schon haben Soldaten gerne das Bild einer Frau mit auf die Reise genommen.) Verteufelung und In-den-Himmel-Heben, Dämonisierung und Sanktifizierung, diese unseligen Zwillinge, sind im Mittelalter besonders prächtig gediehen.

Die Aufspaltung in heilig oder teuflisch lässt sich am Rittertum gut veranschaulichen. Wer sich der *militia Christi* zur Verfügung stellte und gegen Heiden oder Ketzer zu Felde zog, dem waren nicht nur Sündenvergebung und Himmelreich gewiss. Er wurde auch schon hier auf Erden als *athleta Christi*, Vorkämpfer Jesu, gepriesen. Den Idealisierungen wurden Feindbilder zugeordnet, Ungläubige (wie die Muslime/Sarazenen oder Juden), Häretiker (also Christen), schließlich alle, die der kirchlichen oder römischen Machtentfaltung irgendwie im Wege standen. Sie wurden dämonisiert und zum Teil erbarmungslos niedergemacht.[18]

Maria im Kloster

Himmel oder Hölle – darum ging es auch im Kloster. Von alters her war das Mönchtum ein besonders eifriger und darum auch kompromissloser Verehrer der Gottesmutter. Tiefste Versenkung und höchste Ekstase paarten sich mit maßloser Dämonen-Furcht und abartigem Hexen-Wahn. Innigste Marienverehrung und heftiger Antijudaismus gingen Hand in Hand.[19] Und wer die Sehnsucht nach dem Weiblichen in erotisch-mystischer Verzückung lebte, wer die Jungfrau als Abbild weiblicher Wohlgestalt und Reize zur Himmelskönigin erhob, der musste auf der anderen Seite natürlich auch einen heroischen Kampf gegen die teuflischen Begierden und Versuchungen fleischlicher Lust führen:

> Ihr
> Lockspeise des Satans
> Auswurf des Paradieses
> Gift der Geister
> Schwert der Seelen
> Wolfsmilch für die Trinkenden
> Gift für die Essenden
> Quelle der Sünde
> Anlass des Verderbens!
>
> Ihr
> Mistpfützen fetter Schweine
> Ruhepolster unreiner Geister.
>
> Ihr
> Nymphen, Sirenen, Hexen, Dianen
> und was es sonst für Scheusalsnamen geben mag,
> die man euch beilegen möchte.

Wem verdanken wir diese hübsche Damenrede? Einem gewissen Peter Damian oder Petrus Damianus: Benediktinermönch, lange Zeit Einsiedler, bis zu seinem Tod 1072 bedeutender Kirchenreformer, Kardinal (allerdings gegen seinen Willen), großer Theologe, 1828 zum Kirchenlehrer erhoben und von Dante gar ins Paradies versetzt.

Die Madonna schweigt

Auf der einen Seite in den Himmel gehobene Schönheit, auf der anderen bedrohlich-verführerische Hexe – das gespaltene Bild der Frau hat das Abendland bis in unsere Tage nicht losgelassen. Es hat unendliches Leid und entsetzliches Unrecht über den weiblichen Teil der Menschheit gebracht. Bis heute erschwert oder zerstört es die Beziehungen zwischen Frauen und Männern. Es ist gewiss kein Zufall, dass sich Selbstbewusstsein und Emanzipation der Frau in jenen Konfessionen der christlichen Kirche und in jenen Ländern etwas eher entwickelt haben, die der Jungfräulichkeit Marias, ihrem Bild als willige oder schmerzensreiche Mutter, weniger Raum gaben.

Maria kann für das alles nichts. Seit Jahrtausenden blickt die Madonnenfigur in unbewegter Haltung auf die Menschen herab. Sie sieht alles, hört alles. Man kann alles in sie hineinprojizieren, sie wehrt sich nicht. Sie lauscht. Und schweigt.

17. Wie Josef in der Versenkung verschwand

Die Madonna mit oder ohne Jesuskind, Maria im Stall von Bethlehem mit dem Säugling auf Arm oder Schoß, das Jesuskind in der Krippe zwischen Ochs und Esel, Maria anbetend davor – wir kennen die Motive von Weihnachtskarten, Gemälden, Ikonen.

Wo aber steckt Josef? Wenn er überhaupt auftaucht, dann meist irgendwo am Rande, im Halbdunkel, mit mehr oder weniger mürrischem Gesicht. Der Ochse und der Esel scheinen wichtiger zu sein als er. Der Vater – eine Randfigur?

Man könnte es denken, wenn man dem Evangelisten Lukas folgt. Für ihn steht eindeutig Maria im Vordergrund, die Gottes Willen willig gehorcht. Josef bleibt ein stummer Statist, ein Vater im Abseits. Das jedenfalls ist das Bild, wie es sich der abendländischen Christenheit eingeprägt hat.

Josef der Träumer

Ein anderer Strang der biblischen Weihnachtsüberlieferung allerdings zeichnet ein völlig verschiedenes Josefsbild. Beim Evangelisten Matthäus ist

Josef ein verantwortungsvoll und aktiv schützender Vater. Ihm wird Gottes Willen offenbart. Er ist es, der Gottes Anweisungen gehorsam Folge leistet. Hier bleibt Maria die blasse Randfigur.

Der Evangelist Matthäus hat nämlich ein Problem. Sein Stammbaum Jesu endet mit dem Satz: „Jakob zeugte Josef, den Mann der Maria; aus ihr wurde Jesus gezeugt, der der Messias (Christus) heißt.“ Josef ist demnach ein Nachfahre Davids. Wenn aber Maria Jesus als Jungfrau geboren hat, dann ist Jesus leiblich nicht Davids Sohn. Wieso ist er dann der Messias? Diese Frage muss der Evangelist plausibel beantworten. (Um diesem Dilemma zu entgehen, schreiben andere Handschriften darum auch: „Josef, dem eine Jungfrau angetraut war, zeugte Jesus, der der Christus genannt wird.“)

Matthäus, der mit der Fantasie des Glaubens die heiligen Schriften las, fand dort immer wieder Hinweise auf den Messias Jesus. So erzählt er uns folgende Geschichte:

> Mit der Abstammung Jesu Christi verhielt es sich so:
> Nach der Verlobung seiner Mutter Maria mit Josef
> stellte es sich, bevor sie zusammengekommen waren, heraus,
> dass sie vom Heiligen Geist schwanger war.

Maria hat nicht, wie das in der griechischen Mythologie wohl geschildert würde, einen göttlichen Liebhaber – denn im Hebräischen ist „ruach“, der Geist, weiblich. Vielmehr ist nach jüdischem Verständnis ohnehin Gott die Quelle des Lebens: Er schafft Leben, so wie er in der Schöpfung dem aus Erde gebildeten Menschen seine *ruach*, seinen Lebensodem, einhaucht und ihn dadurch zum lebenden Wesen macht (1.Mose 2,7). Immer wieder hat Gott auch in Israels Geschichte außerhalb der normalen Fortpflanzungsabläufe Kinder geschenkt. So auch hier. Matthäus will unterstreichen: Jesu Geburt ist auf wunderbare Weise so von Gott gewollt.

Josef der Rechtschaffene

> Ihr Mann Josef aber, rechtschaffen wie er war, wollte sie nicht öffentlich in Schande bringen und entschloss sich daher, sich in aller Stille von ihr zu trennen.

Der rechtschaffene Josef steckt in einer peinlichen Klemme. Jeder vor- oder außereheliche Geschlechtsverkehr gilt in der jüdischen Gesellschaft als Straftat. Streng genommen steht auf dieses Vergehen die Todesstrafe. Bestenfalls kommt man, wenn es bekannt wird, mit einer öffentlichen Beschämung davon. Verlobte und Verheiratete werden völlig gleich behandelt. (Stirbt ein Verlobter, so ist die Frau eine Witwe.)

Josef möchte keinen Skandal verursachen. „In aller Stille" bedeutet nicht, dass er vorhat, Maria heimlich zu verlassen. Er denkt über eine Lösung nach, die weniger Aufmerksamkeit erregt. Vermutlich ist eine Scheidung gemeint.

> Doch wie er das erwog, siehe da erschien ihm ein Engel des Herrn im Traum und sagte:
> „Josef, Sohn Davids, schrick nicht davor zurück, Maria als deine Frau zu dir zu nehmen!
> Denn das Leben in ihr stammt vom Heiligen Geist. Sie wird einen Sohn gebären, dem du den Namen ‚Jesus' geben sollst; denn *er wird sein Volk von ihren Sünden erretten*. Dies alles ist geschehen, damit das Wort des Herrn in Erfüllung gehe, wie es durch den Propheten ausgesprochen worden ist:
> Siehe, *eine Jungfrau wird schwanger werden und einen Sohn gebären, und man wird ihm den Namen Immanuel geben*, das heißt übersetzt: Gott ist mit uns.

Die Geburt großer Männer war, wie in den vorigen Kapiteln schon erwähnt, im Altertum häufig von Geheimnis umgeben. Plato, Alexander, Augustus – über sie alle waren Geschichten göttlicher Abstammung oder besonderer Begabung als Kind und Jugendlicher in Umlauf. Ihre Geburtstage wurden oft auch noch nach ihrem Tod gefeiert. Jesus wird von Matthäus also in eine Reihe mit den Großen seiner Zeit gestellt.

Ein Übersetzungsfehler macht Weltgeschichte

Von einer Jungfrau steht übrigens nichts im ursprünglichen Jesaja-Buch (siehe dazu auch oben Kapitel 14). Der hebräische Text spricht von einer „jungen Frau". Die griechische Bibelübersetzung der Septuaginta gibt das Wort mit „Jungfrau" wieder – und verschiebt damit die Bedeutung: ein Übersetzungsschnitzer mit erheblichen bewusstseinsgeschichtlichen Folgen.

Mit der Namensgebung erkennt Josef das Kind jüdischer Sitte gemäß als seines an. Damit ist Jesus auch Davids Sohn:

> Als Josef vom Schlaf erwacht war, tat er so,
> wie ihn der Engel des Herrn geheißen hatte:
> Er nahm seine Frau zu sich
> und hatte keinen Umgang mit ihr,

bis sie einen Sohn gebar.
Dem gab er den Namen Jesus.

Jesus, Gotthilf, ein ganz gewöhnlicher Name. Jesus, kein Halbgott, ein ganz gewöhnlicher Mensch – und doch der, dessen Kommen bis in die Einzelheiten der Namensgebung hinein das Gesetz und die Propheten erfüllt.

Josef träumt weiter: Er soll vor Herodes nach Ägypten flüchten. Damit sich die Weissagung erfüllt: „Aus Ägypten rief ich meinen Sohn." Herodes massakriert Bethlehems Säuglinge; wieder geht eine Vorhersage in Erfüllung: „Ein Aufschrei wird laut in Rama, viel Klagen und Weinen. Rahel beweint ihre Kinder" (Jeremia 31,15). Josef wird im Traum zur Heimkehr aufgefordert – auch damit werden Worte der Schrift erfüllt.

Über diesem Kind hält Gott die Hand, so wie er sie über Moses gehalten hat und über seinem Volk. Das will Matthäus mit dieser Geschichte (1, 18–25) zeigen. Alles läuft nach göttlichem Plan. Der Ausführende ist Josef, der seine Familie mit Umsicht und Geschick auf mancherlei Umwegen von Bethlehem nach Nazareth führt.

Josef die Witzfigur

Ansonsten taucht Josef in den Evangelien nicht mehr auf. Nur in den weihnachtlichen Vorgeschichten des Matthäus und des Lukas hat er einen Platz. Weiter wird nichts von ihm berichtet.

Ließ ihm sein Handwerk keine Zeit, sich um anderes zu kümmern? War er alt? Ist er früh gestorben? Es hat viele Spekulationen gegeben. Und Spott. Im Mittelalter wurde er bei Volksfesten als täppischer Alter verhöhnt.[20] Belustigt erzählte das Volk anzügliche Geschichten über ihn. Der Ausdruck „Josefsehe" kettet seinen Namen an eine sonderbare Einrichtung: an eine Ehe, die eine Ehe ist und doch keine ist, bei der die Eheleute „auf die Ausübung der ehelichen Rechte verzichten", wie es im kirchlichen Rechtsjargon heißt. Naturgemäß wurde Josef zum Schutzpatron der Zimmerleute und der Arbeiter, der Wohnungssuchenden und der Asylanten. Auch wenn er zahlreichen Orden und Kongregationen seinen Namen lieh, bleibt er eine Figur, die man nicht ganz für voll nahm. In volkstümlichen Weihnachtsliedern ist er noch nicht einmal in der Lage, sein Kind zu wiegen. Das Gemälde eines alten italienischen Meisters in der Berliner Gemäldegalerie zeigt Josef in einer Ecke – am Kochtopf.

Die Vatergestalt, die Matthäus schildert, ist weithin in Vergessenheit geraten. Lukas hat sich durchgesetzt, auf der ganzen Linie. Die von ihm vorgezeichneten Bilder haben das abendländische Bewusstsein nachhaltig geprägt. Sie beeinflussen das Familien-, Ehe- und Sexualleben bis auf den heutigen Tag: Mutter und Kind als geschlossene Einheit, in herzlichem Einverständnis; sexuelle Enthaltsamkeit oder Zurückhaltung als Ideal; der Mann als Vater – blass, ausgeschlossen, eine familiale Randerscheinung.

18. Wie heilig ist Familie?

Es ist schon merkwürdig: Manchmal sieht es so aus, als seien Ehe und Familie für die Kirchen das Zentrum des christlichen Glaubens. Wenn man liest und hört, was Kirchenchefs zu diesem Thema verlauten lassen, kann man sich des Eindrucks nicht erwehren: Die Ehe ist das höchste christliche Gut. Besonders heiß und heftig wird es in der Regel beim Stichwort Pille. Da regnet es Verlautbarungen und Enzykliken. Da wird mancherorts gar eine bestimmte Methode der Empfängnisverhütung als die allein seligmachende vorgeschrieben – so als hinge an Familienplanung und dem dabei gewählten Verhütungsmittel das Seelenheil.

Jesus und die Familienpolitik

Auf Jesus können sich die Kirchenoberen dabei kaum berufen. Leidenschaftlich wehrt er (bzw. die frühe Gemeinde) sich dagegen, Nebensächliches wichtig und Wichtiges unwichtig werden zu lassen. Der Kirchenbehörde seiner Zeit wirft Jesus vor: „Ihr blinden Wegführer, ihr siebt die Mücke aus, das Kamel jedoch schluckt ihr runter! Schwere Traglasten packt ihr zusammen und legt sie den Leuten auf die Schultern" (Matthäus 23,24. 4). Jesu Sprache ist drastisch. Seine Bilder übertreiben: Wer kann schon ein Kamel runterschlucken? Aber jeder versteht, was gemeint ist.

Dass Jesus kein großer Fan von Familie war, haben wir schon gesehen (in Kapitel 5). Seine Angehörigen haben es zu spüren bekommen. Sie wollen ihn aus dem Verkehr ziehen, ihn heimholen. Er entzieht sich dem Beschluss der Familienkonferenz. Nur folgerichtig, dass sie ihn für verrückt erklären.

Nicht dass Jesus etwas gegen Familie gehabt hätte. Aber es gibt Wichtigeres. Der Anbruch von Gottes Gegenwart in der Welt stellt in Frage, was bisher fraglos galt. Jesu Botschaft rüttelt ganz erheblich an den traditionellen Werten. Dazu gehört – das gilt für die Antike im Allgemeinen und für das ländliche Palästina im Besonderen – auch die Familie.

In der neuen Zeitära spielen Familie und Familienleben nicht mehr die ausschlaggebende Rolle wie früher. Es ist nicht mehr die Autorität der Familie, der der Einzelne sich in jedem Falle selbstverständlich fügen muss. Provozierend definiert Jesus Familie um: Familie, Bruder, Schwester, Mutter, Vater, das sind die, die Gottes Willen tun (Markus 3,35; Lukas 14,26). An die Stelle der traditionellen tritt die endzeitliche Familie, die Gemeinschaft derjenigen, die Jesu Ruf folgen.

Selbst ehrwürdigste Familienpflichten können vom Wesentlichen ablenken. Ein Mann kommt zu Jesus. Er möchte Jesus nachfolgen. Zuvor aber will er noch seinen Vater beerdigen. „Lass die Toten ihre Toten begraben!", sagt Jesus (Matthäus 8,22). In der ihm eigenen pointierten Ausdrucksweise spitzt Jesus den Sachverhalt zu. Lebende, die Tote im Kopf haben, nennt er Tote. Einem Menschen, der nach neuem Leben strebt, zugleich jedoch den Konventionen seines bisherigen Lebens Priorität einräumt, hält er den Spiegel vor und zeigt ihm seinen Lebenswiderspruch auf.

Die kritische Einstellung Jesu zum überkommenen Verständnis von Familie und den sich daraus ergebenden Verhaltensregeln ist eine unvermeidliche Folge seiner Botschaft. Jesus kündet eine neue Zeit an. Die neue Realität setzt neue Regeln. Die unhinterfragte Herrschaft der Tradition ist vorüber. Eine alte und eine neue Zeitordnung stoßen aufeinander. Welche Verwirrung dabei entsteht, welche Dynamik und welche Konflikte, lohnt sich genauer anzuschauen.

Wendezeiten

Es gibt Epochen in der Geschichte, da ist besonders deutlich zu spüren: Das Alte vergeht, Neues beginnt.

Renaissance, Humanismus und Reformation waren ein solcher Zeitabschnitt in der europäischen Geschichte. Eine alte Weltordnung trat ab, eine neue Zeit brach an. Neue Horizonte taten sich auf, neue Kontinente wurden entdeckt. Neue Perspektiven wurden erkennbar und mit ihnen neue Möglichkeiten: geistige, kulturelle, wissenschaftliche, wirtschaftliche, militärische, verkehrstechnische. Ein neues Bild vom Menschen entwickelte sich, ein neues Selbstbewusstsein, ein neues Verständnis der Rolle des Einzelnen in Gesellschaft und Politik, im Verhältnis von Mensch und Gott.

Der Übergang von der höfisch-absolutistischen Ära in die Welt der Industrialisierung und des Kolonialismus ist eine andere solche Umbruchsphase, die zumindest der westlichen Menschheit ein neues Welt- und Menschenbild bescherte.

Es ist gut möglich, dass wir gegenwärtig auch in einer derartigen Wendezeit leben. Wieder tun sich neue Horizonte auf, die Entfernung zwischen den Kontinenten schwindet, Fernes rückt nahe, neue Perspektiven und Möglichkeiten eröffnen sich, in allen Bereichen unseres Lebens.

Zeitenwende

Die Epoche, in der Jesus lebte, war ganz gewiss eine solche Aufbruchszeit, aufregend, voller Vitalität und Fortschritt. Mit seinem Zug nach Indien hatte Alexander der Große das Tor zum Orient aufgestoßen. Fast ungehindert strömen daraufhin Kultur und Weltbilder, Endzeitvorstellungen und Auferstehungshoffnungen, Astrologie und Mysterienkulte, und was der Osten sonst noch so alles zu bieten hat, in den Westen. Rom hat mit seinem Weltreich einen nahezu grenzenlosen Markt des Austauschs von Ideen und Gütern geschaffen. Eine Weltsprache, das Griechische, verbindet die Vielvölkergemeinschaft und erleichtert Kontakt und Verständigung. (Die Pfingstgeschichte in der Apostelgeschichte 2 spiegelt etwas von dieser ökumenischen Völkervielfalt wider.)

Umschlagplatz für den Austausch zwischen Orient und Okzident ist das östliche Mittelmeer. Zwei zu Perlen der hellenistischen Zivilisation herangewachsene Hafenstädte tun sich besonders hervor: Alexandria, Zentrum von Bildung, Kultur und Wissenschaften, mit seiner sagenhaften Bibliothek, und Antiochia, neben Rom und Alexandria die wichtigste Handelsmetropole des Reiches und Ausgangspunkt des Christentums beim Aufbruch in die damalige Welt.

So hinterwäldlerisch und abgelegen das judäisch-galiläische Bergland demgegenüber auch wirken mag, die weltgeschichtlichen Veränderungen gehen an seinen Dörfern und Flecken nicht spurlos vorüber. Die Römer sind unübersehbar präsent mit ihren Garnisonen und Soldaten, Söldnern aus Italien, dem fernen Hispanien oder anderen entlegenen Provinzen. Unübersehbar auch die Zollpächter. An ihnen kommt kaum einer ungeschoren vorbei. Sie sitzen an Brücken und Verkehrskontrollpunkten und erinnern ganz leibhaftig an die Macht des fernen Kaisers in Rom. Hin und wieder durchstreifen syrische Kaufleute die Lande. Zu den hohen Festen ziehen jüdische Pilger aus der ganzen Welt hinauf in die Heilige Stadt und bringen in das abgeschiedene palästinensische Hinterland einen Hauch der großen weiten Welt und ihrer Ideen.

Wie jede Wendezeit so geht auch die zu Lebzeiten Jesu einher mit einem neuen Bild vom Menschen, seinen Möglichkeiten, seiner Freiheit. Auch dieses Mal wird in der Zeit der Zeitenwende die Beziehung des Individuums zu seiner Umwelt neu bestimmt. Und in jenem Lebensbereich, von dem die meisten Menschen sich in besonderer Weise Geborgenheit und Sicherheit erhoffen, stoßen alte und neue Welt- und Wertordnung besonders hart aufeinander: in der Familie.

Die Ordnung der Familienzeit

Wie kann ich überleben? So lautet die Existenzfrage für jedes Wesen auf dieser Welt. In der ländlichen Umgebung einer vorindustriellen Zeit hieß die Antwort (und heißt oft auch heute noch so, wenn staatliche Strukturen sich aufgelöst haben, wie z. B. im Krieg): Ich überlebe, weil ich Mitglied einer Familie bin. Ich gehöre zu einer Familie, darum bin ich. Ich bin Teil eines Familienverbandes, einer Sippe, eines Clans, darum existiere ich. Ich werde in eine Familie hineingeboren. Sie ernährt, kleidet und bildet mich. Sie ist meine Sicherheit: Wenn ich bedroht bin, schützt sie mich. Sie ist meine Krankenversicherung: Wenn meine Gesundheit gefährdet ist, pflegt sie mich. Sie ist meine Rentenversicherung: Wenn ich alt und gebrechlich werde, versorgt sie mich.

Unter solchen Lebensbedingungen ist die Familie wichtiger als die Einzelperson. Denn ohne Familie überlebt auch sie nicht. Der Einzelne hat daher gegenüber der Familie eine untergeordnete Stellung. Er ist Teil eines Verbandes, zu dessen Überleben er nach Kräften beiträgt: soviel ihm sein Alter und seine Rolle erlauben. Er ist Glied in einer Kette der Weitergabe des Lebens. Wenn keine neue Generation entsteht, ist die ganze Sippe dem Tode geweiht. Darum kümmert sich der Familienverband intensiv darum, wer wen heiratet. Ehen werden im Interesse der Familien geschlossen. Der einzelne Ehepartner ist dem Zweck der Ehe untergeordnet: Kinder zu bekommen. Es geht nicht in erster Linie darum, dass Ehepartner glücklich sind. Ausschlaggebend ist, dass Leben weitergegeben wird. Dann ist auch das Weiterleben der Familie sichergestellt. Dann werden die Eheleute im Alter versorgt.

Kinder sind also auch für jeden Einzelnen überlebensnotwendig. Deshalb ist eine große Zahl von Kindern selbstverständlich. Kinderlosigkeit gilt als großes Unglück. Wir kennen das aus Geschichten des Alten Testaments oder auch aus Märchen. In vielen Kulturen der Welt wird es bis heute als Tragödie angesehen, wenn eine Ehe „unfruchtbar“ ist. Um die Katastrophe der Kinderlosigkeit abzuwenden, stellt in bestimmten von Stammestraditionen geprägten Gegenden Afrikas noch heute die Familie einen Ersatzmann: Ein Bruder oder Vetter des Ehemannes soll bei Kinderlosigkeit dafür sorgen, dass trotzdem Nachwuchs kommt. Denn es geht ja um das Überleben des gesamten Familienverbandes.

Die Macht der Alten

Wie aber kann die Familie die Herausforderungen des Lebens meistern? Versetzen wir uns einmal in das Europa vergangener Jahrhunderte, in das ländliche Afrika oder Indien der Gegenwart, aber auch in abgelegene Landstriche unseres Kontinents bis heute. Wen kann man in allen Lebenslagen um Rat fragen, wer weiß am besten Bescheid? Diejenigen, die am meisten Erfahrung gesammelt, die die meisten Lebenssituationen gesehen haben. Wer hat am meisten Leben gesehen? Die Älteren, die Alten. Sie verkörpern den Erfahrungsschatz der Sippe. Sie stellen die Brücke zum Wissen der Vorfahren dar. Sie bewahren die Erfahrungen, Regeln und Riten der Ahnen, die Überlieferung, die Tradition.

Nach diesem Konzept überlebt die Familie, die soziale Gruppe, am gefahrlosesten, wenn sie wiederholt, was die Früheren taten, und wenn sie auch die nachwachsende Generation lehrt, ebenso zu leben. Traditionsgesellschaften sind überwiegend an der Vergangenheit orientiert. In ihrem Verständnis liegt die goldene Zeit hinter ihnen. Die Helden, die Vorbilder sind die Vorfahren. Der Blick ist nach rückwärts gewandt, selbst wenn es nach vorne geht. Diese Blickrichtung prägt das gesamte soziale Wertsystem.

Gut ist, was sich früher bewährt hat. Im Zweifelsfall wird im Sinne der Tradition entschieden. Der Einzelne hat dem zu folgen, wie es einmal war. Er hat sich der Tradition zu fügen. Was Tradition ist, entscheiden die Alten. Denn sie haben die Verantwortung. Auch für das Leben des Einzelnen. Die Alten stehen an der Spitze der Hierarchie. Ihnen kommt Respekt und Achtung zu. Und sie haben die Macht. Dem hat der Einzelne sich zu unterwerfen im Interesse des Gesamten. Die Alten wachen auch über die Beachtung der Überlieferungen, über die Einhaltung der traditionellen Regeln. Denn darauf beruht ihre Macht. Infragestellungen, Abweichungen werden verfolgt und bestraft.

Das Familien- und Sozialsystem der traditionalen Gesellschaft kann Geborgenheit und große Sicherheit vermitteln – vorausgesetzt die Welt bleibt, wie sie früher war.

Aufbruchszeit

Alles ändert sich, wenn in einer Gesellschaft oder in bestimmten Kreisen der Gesellschaft – es sind meist einige wenige, die vorangehen, und die Mehrheit folgt – das Bewusstsein Raum gewinnt: Ich kann selber entscheiden. Ich kann auch als Einzelner handeln. Ich muss nicht in jedem Fall den Vorschriften und Werten der Vergangenheit folgen.[21]

Der Mensch wird als Einzelperson sichtbar. Das Individuum tritt in den Vordergrund. Der Einzelne ist nicht mehr nur Teil eines Ganzen oder Glied in einer Kette. Die Angst, ohne Rückhalt des Familienverbandes oder der Sippe verloren und dem Tod preisgegeben zu sein, beherrscht nicht mehr Denken und Fühlen. Vielmehr macht sich die Erkenntnis breit: Ich kann auch als Individuum überleben. Ich kann Leben und Zukunft individuell gestalten. Ich habe die Freiheit, über mich und meinen Lebenssinn nachzudenken – unabhängig von dem was die Menschen vor mir gedacht haben.

Solches Denken verändert zwangsläufig die Bedeutung der Autoritäten und Institutionen. Zuvor wurde der Einzelne und sein Verhalten an die Messlatte der Tradition angelegt. Jetzt kehrt sich das Verhältnis um: Der Mensch und sein Wohl wird zum Maßstab für Normen und Werte. Bislang war die Geltung von Institutionen, wie etwa Familie und Ehe, über jeden Zweifel erhaben. Mit einem Mal werden sie auf ihren aktuellen Sinn und ihre Funktion hin befragt.

19. Die Gewalt der Tradition

Tradition nützt, wenn sie gute und wertvolle Erfahrungen bewahrt. Dann kann sie ein Schatz sein, der Menschen leitet und schützt. Tradition wird zur Gefahr, wenn sie Regeln und Normen weitergibt, die in vergangenen Zeiten unter vergangenen Bedingungen angemessen und nützlich waren, heute jedoch nicht mehr sinnvoll und hilfreich sind. Unkritisches Festhalten an Überliefertem fördert dann Erstarrung und Tod. Die Überlieferung droht sich in Gewalt zu verwandeln, die sich die Menschen unterwirft.

Tradition gehört demnach, soll sie nicht sinn- und nutzlos werden, ständig auf den Prüfstand. Das gilt für Verhaltensregeln, Normen und Werte. Ebenso gilt das für Institutionen, ihre Struktur und ihr Funktionieren. Es trifft natürlich auch auf Einrichtungen zu, wie z. B. die Kirche. In diesem Sinne waren, seit die Kirche existiert, auch immer schon Kirchenreformer am Werk. Im 16. Jahrhundert drückte man das so aus: Ecclesia semper reformanda est. Die Kirche braucht eine Dauerreform. Kirche ist nur Kirche, wenn sie laufend hinterfragt wird, wenn sie sich ständig weiterentwickelt. Gerade am Ausgang des Mittelalters war der kirchliche Apparat total erstarrt und zu einem toten und Tod bringendem Macht- und Herrschaftsinstrument verkommen.

Der Grundsatz, religiöse Tradition und Institutionen grundsätzlich zu befragen, geht auf Jesus selbst zurück und ist Teil seines jüdischen Erbes. Jesus lebte in einer Welt, die Glaubensüberlieferung wertschätzte und pflegte. Die Anordnungen der Väter wurden diskutiert, gedeutet, interpretiert und an die nachfolgende Generation weitergegeben. Viele Menschen machten sich die ihnen überlieferte Ordnung zur Lebensregel und bezogen aus einem Leben nach den Gesetzen der Väter ihre Kraft.

Wer sich bemüht, Regeln genau einzuhalten und nach ihnen zu leben, gerät allerdings leicht in die Gefahr, mehr auf die Regeln zu achten als auf ihren Sinn. Um es nur ja richtig zu machen, wird unversehens die Form wichtiger als der Inhalt. An dieser Stelle war Jesus, ebenso wie einige der alttestamentlichen Propheten lange vor ihm, besonders kritisch. Unerbittlich hinterfragt er die religiöse Praxis. Wer fleißig Geld spendet, um anderen Gutes zu tun, ist nicht davor geschützt, deshalb Befriedigung zu empfinden. Jesus meint dazu: „Wenn du spendest, soll deine linke Hand nicht wissen, was die rechte tut“ (Matthäus 6,3). Wer eifrig Gebete spricht, ist nicht davor geschützt, dass er viele Worte macht und nicht mehr bei der Sache ist (Matthäus 6,7).

Das System kriegt Angst

Ein besonders anschauliches Beispiel für Jesu Umgang mit Tradition ist sein Verständnis des Sabbatgebotes. Der siebte Tag der Woche als Ruhetag – das ist der Herrschaftsanspruch von Gottes Menschenfreundlichkeit auch über Arbeit, Arbeitszeit und Produktionsbedingungen. Das Sabbatgebot ist eine der großen Kulturleistungen, die die Menschheit der jüdischen Religion verdankt. Das Einhalten der Sabbatruhe unterschied Angehörige des jüdischen Glaubens von ihrer Umwelt. So wurde der Sabbat ein herausragendes Merkmal jüdischer Identität. Entsprechend sorgfältig haben jüdische Fromme über der Sonntagsruhe gewacht. In immer neuen Bestimmungen legten sie fest, was an diesem Tag erlaubt sei und was nicht.

Ein Sonntagsspaziergang führt zum Konflikt. Jesu Jünger – so berichten die Evangelisten – streifen durch Kornfelder und rupfen dabei ein paar Ähren aus. Für Strenggläubige ist das verbotene Erntearbeit. Zur Rede gestellt formuliert Jesus einen Satz, der uns heutzutage ganz selbstverständlich erscheinen mag. Er enthält indessen so viel Sprengkraft, dass er tödliche Konsequenzen haben wird: „Der Sabbat ist für den Menschen da und nicht der Mensch für den Sabbat" (Markus 2,27). In einem Sonntagsgottesdienst setzt Jesus seinen Grundsatz in die Tat um: Er heilt einen Mann mit verkrüppelter Hand. Daraufhin tun sich die Frommen mit den Politikern zusammen und beschließen, „ihn zu vernichten" (Markus 3,6).

Die Kirche bringt Jesus um. Warum? Warum muss Jesus sterben? Er tastet das Sabbatgebot nicht an. Im Gegenteil, er erfüllt es. Er erfüllt es wieder mit Sinn. Er gibt ihm seine ursprüngliche Bedeutung zurück, die einer göttlichen Gabe an die Menschen.

Zugleich befreit er den Sabbat allerdings auch aus der Verfügungsgewalt der Traditionshüter: Er nimmt ihnen „ihr" Gebot weg, über dessen Einhaltung sie mit Sorgfalt und Eifer wachen. Damit löst er einen Machtkampf aus. Nicht sie, die Wächter der Überlieferung, herrschen über den Sabbat und wie er zu verstehen sei. Sie sind nicht die Herren über die Gewissen der Menschen. Sie haben nicht das Recht, mit Hilfe von Drohungen und Angst Macht über Menschen auszuüben, auch nicht unter Berufung auf ehrwürdigste kirchliche Lehre oder im Namen von Konzilen oder irgendeines kirchlichen Amtes. An dieser Stelle ist Jesus kompromisslos. Dafür muss er mit seinem Leben bezahlen. Wie viele nach ihm, die in seinem Geiste erstarrte kirchliche Überlieferung in Frage stellen.

Jesu ethische Maxime der Menschenfreundlichkeit gilt für jeden Bereich menschlichen Zusammenlebens, vom Grundbesitz bis zur Empfängnisverhütung. Sie ist die Folge seiner Verkündigung der Menschenfreundlichkeit Gottes. Die Familie ist für den Menschen da, könnte man zum Beispiel formulieren, und nicht der Mensch für bestimmte überkommene Vorstellungen von Familie. Rechtliche Regelungen über Ehe, Ehescheidung und Partnerschaft sind am Wohl der Menschen zu messen. Sie sind permanent zu überprüfen: Dienen sie diesem Wohl noch? Oder ordnen sie Menschen überholten Leitbildern unter und schaden dadurch mehr als sie nützen und fördern? Was das im Einzelnen heißt, muss herausgefunden werden. Aber es ist offen, und nicht vorgegeben.

Jesus auf den Kopf gestellt

Es ist eines der interessantesten Phänomene – oder die vielleicht größte Tragödie – in der Geschichte des Christentums: Was als Befreiung und Aufbruch begann, verkehrt sich immer wieder ins Gegenteil. Aus einer Botschaft, die den Blick nach vorne lenkt, weil sie den Anbruch einer neuen Epoche bereits in der Gegenwart gekommen sieht, werden Lehre und Verkündigung, die ihre Legitimation nur noch in der Vergangenheit sucht. Aus einer Religion, die von Lasten befreit, wird eine, die Lasten schafft und phasenweise Angst und Schrecken verbreitet, bis heute. Aus einer Bewegung, die Tradition und klerikale Bevormundung konsequent in Frage stellt, wird eine Institution, die die Autorität der Tradition als höchste Instanz etabliert. Das gilt für fast alle christlichen Konfessionen, allerdings in unterschiedlichem Ausmaß. Wie ist es dazu gekommen?

Eine mögliche Antwort auf die Frage könnte sein: Jesus und die Botschaft, die er verkörpert, waren der christlichen Gemeinde so bedeutungsvoll, dass sie sie um jeden Preis zu bewahren suchte. Man gab sie weiter. Man interpretierte sie. Man schrieb sie auf. Um sie lebendig zu halten, aktualisierte man sie. Um sie rein zu erhalten, errichtete man einen Schutzwall aus Bekenntnissen. Voller Eifer wachten Wächter darüber, dass die Wahrheit unangetastet blieb. Um sie zu schützen, verteidigte man ihre Schutzmauern. Um sie unversehrt weitergeben zu können, wurden das Bewahren und damit die Bewahrer immer wichtiger. Schließlich hatte Zutritt zur Wahrheit nur noch, wer sich den Regeln und der Kontrolle des Wachpersonals unterwarf. Die Bewahrung der Wahrheit wurde der Ausschlag gebende Maßstab. Unversehens geriet die Wahrheit aus dem Blick. Fast ging sie verloren. Es ist schon tragisch: Was Jesus auf das Heftigste bekämpft hatte – nämlich das Bewahren des göttlichen Willens über seine Erfüllung, seinen Sinn zu setzen –, war wiederum Wirklichkeit geworden, unter Berufung auf ihn.

Umkehr ins Gegenteil

Tauchen neue Fragen auf, so blickt man zurück. Dort findet man Orientierung und Gewissheit. Die Aufforderung zum Aufbruch in die neue Realität Gottes hat sich in einen ständigen Rückfall in die Vergangenheit verwandelt. Aus einer Zukunfts- ist eine Traditionsreligion geworden, aus einem Glauben, der Menschen in Bewegung und in Freiheit versetzt und zu Verantwortung befreit, wurde eine Religion des Gehorsams, der Unterwerfung und der Angst.

Das Christentum folgt immer wieder verblüffend genau den Gesetzmäßigkeiten traditionaler Gesellschaften. Die wurden oben beschrieben. Wer sind die Vorbilder und Helden? Gestalten der Vergangenheit: Apostel und Heilige, Kirchenväter und Reformatoren, Päpste und Patriarchen. Sie verkörpern den Schatz des Wissens und Glaubens auch für die Heutigen. Sie bewahren die Erfahrungen, Regeln und Riten, die Überlieferung. Gut ist, was sich früher bewährt hat. Im Zweifelsfall wird im Sinne der Tradition entschieden. Der Einzelne hat sich dieser Tradition zu fügen. Was Tradition ist, entscheiden die Alten. Denn sie haben die Verantwortung, die Macht, die Schlüsselgewalt. Dem hat der Einzelne sich unterzuordnen. Die Alten wachen auch über der Beachtung der Überlieferungen, über der Einhaltung traditioneller Regeln auch für private und intime Lebensbereiche. In bestimmten Fragen gelten sie gar als unfehlbar. Infragestellungen, ketzerische Abweichungen werden bestraft und verfolgt. Psychologisch gesprochen: Aus einer „Ich"-Religion – der Einzelne hat sich selber für sein Leben zu verantworten – ist eine „Über-Ich"-Religion geworden: Letztlich zählt, was Autoritäten, was andere sagen; ihnen hat man zu folgen.

Und trotz alledem: Unter dem Dach dieser traditionellen, auf Tradition bedachten Kirche hat sich die Botschaft des Jesus von Nazareth von der Liebe Gottes, von dem befreienden „Jetzt" der Gottesherrschaft (Römer 3,21), in ihrer ganzen Ursprünglichkeit bewahrt.

Teil II
Vom Kind in der Krippe – und was es uns sagen will

20. Die Geburt und Gottes Gegenwart oder: Die andere Wirklichkeit

„Als sie daselbst waren, kam die Zeit, dass sie gebären sollte. Und sie gebar …"

Geburt – Wunder und Geheimnis. Ein neuer Mensch kommt zur Welt. Ist es ein Mädchen? Ist es ein Junge? Wir lassen uns überraschen. Oder wissen es schon. Wir wissen viel heutzutage und können fast alles erklären. Der Mensch ist entschlüsselt. Eines Tages wird uns das nützen, vielleicht. Wie kleine Götter fühlen wir uns. Und bleiben Lehrlinge des Lebens. Das Leben wird stets ein Geheimnis sein, auch wenn wir immer mehr verstehen. Leben beginnt als Wunder.

Geburt – Schmerzen und Blut. Mal geht es schnell, mal ist es harte Arbeit oder lange Qual. Zittern und Ungewissheit bis zum Schluss: Läuft alles gut? Ist das Kind gesund? Der erste Schrei. Wenn er nicht gleich kommt, vielleicht ein Klaps auf den Po, auch wenn's verboten ist neuerdings. Der erste Atemzug: Eigenständiges Leben hat begonnen. „Durch lebendigen Atem wurde der Mensch zu einem lebenden Wesen" (Schöpfungsgeschichte, 1.Mose 2,7). Atem, *ruach* auf Hebräisch, bedeutet dort zugleich Geist. Mit dem Atem beginnt das Leben, mit dem Atem entweicht es.

Atmen ist leben. Wir tun nichts dazu, durch unseren Körper geschieht es von selbst. Einatmen der Luft um uns her: Die Umgebung, die Atmosphäre um uns herum tritt in uns ein. Wir atmen die Luft, die andere auch atmen – den Atem derer, die wir mögen, den Atem derer, die wir nicht mögen. Luft und Licht sind allen gemeinsam. Wir leben durch Teilhabe an unserer Mitwelt.

Bevor wir sind, ist Liebe da

Jeder Mensch wird geboren. Und hat darauf keinen Einfluss. Kein Mensch startet sein Leben selbst. Andere haben entschieden, andere haben getan, dass ein neues Leben wurde. Wir haben unser eigenes Leben nicht gemacht. Wir haben es empfangen. Auch später, wenn wir wachsen oder erwachsen sind, empfangen wir es jeden Tag neu.

Ohne unser Zutun kommen wir auf die Welt. Wir kommen an und dürfen einfach sein. Die Welt, so wie sie von Gott gewollt ist, ist bereit uns aufzunehmen.

Jemand ist vor dir da.
Jemand erwartet dich.
Jemand freut sich auf dich.
Jemand bereitet dein Kommen vor.
Jemand behütet dich, wenn du da bist.
Jemand begleitet dich auf deinem Lebensweg.
Jemand außerhalb von dir.

Wir kommen in die Welt. Wir finden Wärme vor und Luft zum Atmen, oft auch Fürsorge und Pflege, Geborgenheit und Schutz. Wir können nichts dafür. Die göttliche Regel des Lebens heißt: Bevor wir sind, sind Licht und Liebe da. Diese Regel gilt, ob wir das nun glauben oder nicht. Erfahrungen und Bedingungen, die unser Leben grundlegend bestimmen, liegen außerhalb von uns. Die Basis, auf der sich unser Leben entwickelt, entzieht sich unserer Verfügung. Die Welt ist grundsätzlich so angelegt, dass wir in ihr willkommen sind. Wir werden aufgenommen unabhängig davon, wer wir sind und was wir tun und leisten. Dieser Grund-Satz besteht unser Leben lang.

Neue Schöpfung

Mit jedem neuen Leben beginnt Leben neu. Immer wieder. Jede Geburt ist ein Akt der Schöpfung. Die Schöpfung kann jeder sehen. Sie als solche verstehen und benennen, fühlen und leben, ist Sache des Glaubens. Dem Verlauf einer Geburt folgen kann jeder. Sie als Wunder begreifen können die, die in der Lage sind zu staunen, sich zu freuen und sich zu wundern.

Nicht zufällig beginnt die Bibel im Alten und im Neuen Testament, mit Schöpfungsbildern. „Im Anfang schuf Gott den Himmel und die Erde!“, heißt es in der Genesis. „Im Anfang war der Logos, der Gotteswille der Liebe!“ So beginnt das Johannes-Evangelium. Die Vorgänge, von denen beide Male erzählt wird, sind weder sentimental noch unverbindlich. Der Bericht der Genesis war eine Kampfansage, geschrieben im Exil: Der Staat Israel war zerschlagen, Land und Tempel zerstört, ein Teil des Volkes verschleppt, die Führung demoralisiert. An den Wassern Babels saßen sie, Fremde in der Fremde, Asylanten wider Willen, ohnmächtig, verzweifelt, ohne Perspektive, ohne Aussicht auf Änderung. Allzu übermächtig war die Allmacht der Weltmacht Babel. Ihre Götter hatten gesiegt. Doch da bekommt einer eine Vision, sieht die Welt mit einem anderen Blick. Ein Gegenbild zeichnet sich vor seinen Augen ab, mit einer mächtigen Botschaft: „Fürchtet euch nicht! Gott ist die Weltmacht, nicht die Weltmacht Babel. Denn im Anfang schuf Er den Himmel und die Erde!"

Neue Wirklichkeit

Ähnlich der Beginn des Neuen Testaments. Die Verfasser der Evangelien wissen natürlich, wessen Kommen sie da ankündigen: die Ankunft dessen, der am Kreuz sterben wird. Sie berichten zunächst von einer ganz gewöhnlichen Geburt. Aber die Anweisung, mit welchem Blick dieses Ereignis zu betrachten ist, lässt nicht lange auf sich warten: „Fürchtet euch nicht!", heißt die himmlische Interpretation, „ich verkündige euch große Freude, euch und dem ganzen Volk Gottes. Heute ist euch der Retter geboren – das ist Christus, der Herr – in der Stadt Davids."

Wir wissen neuerdings, dass Wirklichkeit nicht das ist, was wir gemeinhin dafür halten. Die Welt, von der wir glauben, dass sie außerhalb von uns existiert, gibt es nicht. Wirklichkeit entsteht in unserem Kopf, oder in unserem Herzen. Ungefähr 11 Millionen Bit Information empfängt unser Organismus jede Sekunde, etwa 40 Bit nimmt er bewusst auf. Wir fügen die unglaublich vielen Erscheinungen und Phänomene, denen wir begegnen, die Eindrücke, die wir aussortieren und die wir aufnehmen, zu unserem Bild von Wirklichkeit zusammen. Persönlichkeiten wie Paulus, Franz von Assisi, Papst Johannes XXIII., oder auch Mahatma Gandhi, Martin Luther King, Nelson Mandela und Mutter Theresa, um nur einige der bekanntesten zu nennen, lebten mit Bildern von Wirklichkeit, die quer lagen zur Realität, die sie vorfanden. Ihre Sicht der Wirklichkeit half ihnen, die anderer in Bewegung zu setzen.

Gott wird Mensch

Wer kümmert sich um die junge Gebärende, die im finsteren Stall von Bethlehem ihrer ersten Geburt entgegensieht? Wer sorgt für Licht in der Dunkelheit? Wer bringt Kissen und Tücher? Wer das Wasser zum Waschen? Und wer steht dem überforderten Josef bei in dieser Situation? Martin Luther hat sich im Laufe der Jahre in seinen Weihnachtspredigten zunehmend über die unzumutbaren Zustände aufgeregt, unter denen Jesus in diesem Bericht geboren wird. In der Herberge prasst und säuft die Welt, ahnungslos und achtlos, während nebenan der Herr des Universums unter ärmlichsten Umständen das Licht der Welt erblickt. Diese Vision einer neuen Wirklichkeit können wir in den Bildern der Weihnachtslegenden erkennen.

Die Botschaft des Weihnachtsfestes heißt: Mit Jesus kommt Gott selber in die Welt. Die Christen sind inzwischen so an diesen Satz gewöhnt, dass kaum jemand mehr Anstoß daran nimmt, wie unsinnig er eigentlich ist. Gott, der Schöpfer von Himmel und Erde – wie kann er Teil seiner Schöpfung werden? Gott, der Erschaffer des Menschen – wie kann er sein eigenes Geschöpf werden? Gott, die Verkörperung des schlechthin Anderen, der Transzendenz, der mit Menschlichem nichts gemein hat – er wird Mensch?

Weihnachten feiert die Ankunft des Göttlichen in der Welt. Zugleich erfahren wir, wie Gott sich seine Welt vorstellt. Sie ist überraschend, ganz anders, als wir Menschen sie eingerichtet haben. Mit Weihnachten kommt Gottes „Reich" – in heutiger Sprache wird man wohl eher sagen: Gottes Gegenwart oder Gottes Wirklichkeit – in unser Leben. Die menschlichen Vorstellungen von Gott werden radikal umgekehrt. Das hat Folgen: Eine ganze Reihe menschlicher Spielregeln wird infrage gestellt.

21. Das Kind und die Macht oder: Gottes neue Rangordnung

„und sie gebar ihren ersten Sohn"

Ein Säugling – hilflos und wehrlos liegt er da, vollkommen ohne Schutz. Er ist auf andere angewiesen, total von ihnen abhängig. Herausgetreten aus einer Situation völligen Geschützt-Seins braucht er jetzt Menschen, ihre Gegenwart und Zuwendung, ihre Wärme und Fürsorge. Ohne sie könnte er nicht überleben.

Ein Säugling – er ist so klein – wir sind riesengroß. Wir können ihn aufnehmen oder ablegen, ihn anderswohin tragen oder liegen lassen. Er ist uns ausgeliefert. Er kann nichts machen.

Ganz machtlos ist er indessen nicht. Sein Anblick spricht zu uns, wenn wir ihn zu uns sprechen lassen. Er verführt uns, mit ihm Kontakt aufzunehmen. Und wenn er schreit – es ist nicht zu überhören. Aber wir könnten uns abwenden, unsere Ohren verschließen. Er ist so winzig – das berührt uns. Es rührt etwas in uns an. Ist es die Erinnerung daran, dass jeder Mensch Kontakt, Zuneigung und Schutz braucht? Dass jeder einmal klein und abhängig war und Spuren davon bewahrt hat? Dass in jedem großen Menschen auch der kleine Mensch fortlebt, der wir einmal waren? Dass wir uns nach Offenheit sehnen und danach, uns nicht verstellen zu müssen? Dass eine Sehnsucht in uns wohnt, anderen vertrauen zu können und Liebe zu erfahren, ohne etwas dafür zu tun?

Zauber des Beginns

Jedem Anfang wohnt ein Zauber inne, sagt Hermann Hesse in einem seiner bekanntesten Gedichte. Ein Leben beginnt. Ist das die Verzauberung, die uns beim Anblick eines Neugeborenen ergreift: Geburt als Anfang, als neue Möglichkeit? Das Leben dieses kleinen Menschen hat kaum begonnen – was wird aus seinem Leben werden? Was wird er mit seinem Leben anfangen? Alles ist neu. Wenig ist entschieden. Wenig ist festgelegt. Vieles ist offen. Fast unendlich erscheinen die Möglichkeiten. Welche werden sich ihm bieten? Welche wird er ergreifen?

Ein neues Leben bedeutet Zukunft: Offenheit und Ungewissheit zugleich. Was wird die Zukunft bringen? Was verbirgt sich unserem Blick nach vorn? Welche Gefahr und welche Chance? Die Zukunft entzieht sich unserem Einfluss. Wir haben nur beschränkte Macht, auf sie einzuwirken. Wir können nur wünschen oder hoffen.

Es ist verlockend, Zukunft vor sich zu haben. Weckt die Ankunft eines Kindes in uns die Sehnsucht, auch noch einmal neu anfangen zu können? Noch einmal ein neues Leben zu beginnen, ein Leben vielleicht, das vor bestimmten Schlägen des Schicksals verschont geblieben ist, in dem bestimmte Erfahrungen nicht vorkommen, in dem bestimmte Schritte nicht getan wurden, in dem ich es noch einmal besser machen kann? Was würden wir mit einem neuen Anfang anfangen?

Das Kind in uns

In jedem Menschen schlummert das Kind, das er einmal war, lebenslang. Jedes Bewusstsein hat Spuren der Kindheit bewahrt. Gute Erfahrungen, denen wir vielleicht wieder begegnen möchten. Böse Erfahrungen, die wir fürchten, die Wunden oder Narben hinterlassen haben. Die frühe Begegnung mit Gutem und Bösem gräbt sich tief in unser Bewusstsein und Gewissen ein. So nähren unsere ersten Erfahrungen den Wunsch und die Sehnsucht, das Gute möge über das Böse siegen, was unabgeschlossen ist, möge ein gutes Ende finden.

Als Kinder schon machen wir die Erfahrung, dass unsere Möglichkeiten begrenzt sind. Vieles vermögen wir nicht aus eigener Kraft. Wir erleben Situationen, auf die wir keinerlei Einfluss haben, die uns total abhängig und ohnmächtig machen. Als Kinder schon hoffen wir auf Befreiung von den Mächten, die größer sind als wir, denen wir ausgeliefert sind, auf Erlösung von dem, was uns bedroht.

Die Erfahrungen und Sehnsüchte des Kindes bleiben Bestandteil unserer Seele, auch wenn wir erwachsen sind. Kind, das ist ein Anteil unseres Ichs, ein Leben lang. Wie wir mit diesem Kind in uns umgehen, entscheidet mit darüber, wie glücklich und ausgeglichen wir im Leben sind. Das versichert uns die Psychologie. „Kind" ist Ausdruck für jene Bereiche unserer Seele, in denen wir spontan, echt, natürlich, schöpferisch sind. Es ist der Anteil unseres Seins, mit dem wir Freude empfinden und Schmerzliches erleben. So kann man dieses „Kind" in jedem Menschen als die Stimme des eigentlichen Lebens in uns verstehen. Im Alltag kommt das „Kind in uns" oft zu kurz. Seine Stimme wird überhört.

Das „göttliche Kind" ist ein Grundmuster, das sich in vielen Kulturen findet. Es ist zeitlos. Es mahnt uns, vernachlässigte und ungelebte Seiten unserer Seele nicht weiter zu übergehen. Es bedeutet Erinnerung und Aufforderung, Leben in Tiefe und Erfüllung zu leben. Es lebt auch in der Sehnsucht, von dem was böse ist und uns bedroht, erlöst zu werden.

Wie ein Kind sein

Ein kleines Kind – es erschreckt niemanden. Es löst keine Angst aus. Einen Säugling schreien wir nicht an. Wir wappnen uns nicht gegen ihn. Wir brauchen keine Aufrüstung ihm gegenüber. Er bedroht nicht. Wehrlos tritt er uns entgegen, ohne Waffen. Er ist verwundbar und schwach. Wir wollen ihn beschützen, vor Unfällen und Grausamkeit bewahren, ihn mit Frieden umgeben. In seiner Schwäche ist der Säugling stark. Er weckt Zuneigung und Wärme in uns. Er ruft in uns eine Welt wach, in der nicht Gewalt, Mord und Hass herrschen, in der nicht das Recht des Stärkeren gilt. Blutrünstige Tyrannen streichen Kindern über den Kopf. Soldaten, eben noch verbissen im Kampf, nehmen Kinder auf den Arm.

Einem kleinen Kind gegenüber fühlen wir uns nicht klein und ohnmächtig. Ihm gegenüber brauchen wir uns normalerweise nicht zu rechtfertigen oder zu entschuldigen. Die Offenheit kleiner Kinder entwaffnet uns. In ihrem Gesicht kann man lesen, was sie empfinden. Ihre Augen verraten, was sie möchten. Sie verbergen nichts. Sie kennen die Spielchen und Tricks noch nicht, die wir in späterem Alter lernen oder entwickeln um zu verstecken, was wir wirklich fühlen und denken.

Nackt und bloß liegt der Säugling vor unseren Augen. So zeichnen viele Weihnachtsbilder die Szene. Nackt stehen wir vor Gott: Seine Augen sehen ins Verborgene (Matthäus 6,4). Wir können uns nicht verstecken. Selbstherrlichkeit, cooles Auftreten, schöner Schein, all das zählt nicht. Er kennt uns, wie wir wirklich sind, von allen unseren Seiten.

Wer Gottes Gegenwart nicht annimmt wie ein Kind, wird keinen Zugang zu ihr finden, sagt Jesus (Markus 10,15). Ein Kind als Vorbild für Erwachsene, die voll verantwortlich im Leben stehen, in Wirtschaft und Politik, Wissenschaft, Kultur und Sozialmanagement? Kind-Sein als Messlatte dafür, was zählt im Leben? Was zählt schon ein Kind? Vor allem wenn dieses Kind höchstwahrscheinlich ein Kind armer Leute ist, ein Straßenkind, das für seinen Lebensunterhalt selber sorgen muss. Die Gesellschaft der Zeit Jesu unterscheidet sich da wenig von der unseren. Kinder hat man gern, solange sie nicht stören. Stören sie, so jagt man sie fort oder beschwert sich bei den Erziehungsberechtigten: Die Jünger fahren die Leute an, die Kinder zu Jesus bringen. In der sozialen Hierarchie kommen Kinder nicht vor.

Letzte und Erste

Jesus kehrt diese Hierarchie um. Er tut das nicht nur mit Worten. Ganz handgreiflich führt er den Erwachsenen Gottes neue Sozialordnung vor Augen. Er ruft ein Kind herbei. Er stellt es in die Mitte. Da steht es nun, ziemlich klein und verloren, und sieht die Erwachsenen an, überrascht vielleicht oder verlegen. Die Großen blicken auf das Kind herab.

„Ja, schaut nur", sagt Jesus, „Kindern wie diesem gehört Gottes Reich. In ihnen ist Gott gegenwärtig. Wer ein solches Kind aufnimmt um meinetwillen, der nimmt mich auf. Und wer mich aufnimmt, der nimmt nicht mich auf, sondern den, der mich gesandt hat", und schließt das Kind in die Arme.[22]

Auch Jesu Jünger stehen in der Runde. Vermutlich schauen sie ebenso verständnislos wie die anderen – warum nur hat Jesus sie so scharf zurechtgewiesen? Beeindruckt sind sie schon, denn sie haben behalten und weitererzählt, was Jesus ihnen deutlich machen will. Haben sie es auch begriffen? Sie, die, kaum dass Jesus nicht mehr bei ihnen ist, anfangen, kirchliche Hierarchien zu basteln?

Ein Kind gilt mit einem Mal mehr als die Großen. So demonstriert Jesus Gottes neue Rangordnung: „Wer Erster sein will, soll von allen der Letzte sein und bereit, allen zur Verfügung zu stehen!" Über diese Frage nämlich hatten die Jünger unterwegs gestritten: Wer von uns ist der Größte? Das Thema beschäftigt alle Welt, bis heute: Wer ist der Mächtigste, der Stärkste, der Beste, der Schnellste, der Reichste, der Berühmteste?

Wer hat offene Hände?

In Gottes Reich zählen diese Fragen nicht. Nicht die Großen sind Gott nahe, sondern die Kleinen. Nicht die Schlauen, sondern die ohne Lug und Trug sind. Nicht die Mächtigen sind stark, sondern die, denen Gottes Liebe genug ist. Die ein reines Herz haben, werden ihn schauen. Die Friedfertigen erhalten den Ehrentitel „Gottes Kinder" (Matthäus 5,8 f.). Gottes Welt öffnet sich denen, die sich ihr arglos öffnen.

Wer Gottes Welt annimmt wie ein Geschenk, wird an ihr teilhaben. Ein kleines Kind leistet nichts, womit es sich ein Geschenk verdienen könnte. Es besitzt nichts, um Gegengaben zu erkaufen. Es hat nichts in den Händen. Genau aus diesem Grunde kann es seine Hände aufhalten. Gottes Welt kann man nicht verdienen. Sie gehört denen, die sie aufnehmen, voller Vertrauen und ohne Hintergedanken, so wie ein Kind Geschenke in Empfang nimmt und sich darüber freut.

Wenige Berichte in der Bibel erzählen so eindrucksvoll davon, wie Gott unsere Welt auf den Kopf stellt, wie die Legende von der Geburt im Stall von Bethlehem. Mit diesem Kind kommt Gottes Liebe in die Welt.

22. Der Kaiser und das Baby oder: Der Platz der Mächtigen

„Ein Erlass ging aus vom Kaiser Augustus …
Da machte sich auch Josef auf …
zusammen mit Maria"

Sie ist meisterhaft erzählt, die Weihnachtsgeschichte des Lukas. Ein weiter Bogen spannt sich von Rom bis Bethlehem, vom Zentrum absoluter Macht bis in einen der abgelegensten Winkel des römischen Riesenreiches.

Die Personen:

– Augustus, Kaiser, Gott, Verkörperung von Macht wie kein Zweiter, einer der mächtigsten Herrscher aller Zeiten.
– Quirinius, römischer Konsul, Feldherr, Legat Roms im Osten des Reiches, als Stellvertreter des Kaisers in Syrien fast ebenso mächtig wie der Kaiser selbst.
– Dann werden „alle" genannt, die gesamte Bevölkerung des Reiches, schließlich
– Josef und
– Maria, und zu guter Letzt
– ihr erster Sohn, das neugeborene Kind.

Die Orte der Handlung:

– Der kaiserliche Palast in der Welthauptstadt, Schaltzentrale der Macht,
– die römische Provinz Syrien,
– die Wege im ganzen Reich, auf denen die Leute aus ihren Heimatorten in ihre Geburtsstädte ziehen,
– im besonderen der Weg „von Galiläa aus der Stadt Nazareth hinauf nach Judäa zur Stadt Davids, die Bethlehem heißt",
– eine Unterkunft, in der kein Platz mehr ist, und letzten Endes
– eine Krippe in einem Stall, verloren irgendwo in den Bergen des judäischen Hinterlandes.

Ausgangspunkt ist der Kaiser, der eine Volkszählung verfügt: „Ein Erlass ging aus vom Kaiser Augustus, die ganze Bevölkerung sei in Steuerlisten einzutragen." Augustus setzt damit eine Völkerwanderung in Gang: „Und alle gingen, um sich eintragen zu lassen, ein jeder in seine Geburtsstadt." Ohne es zu ahnen, schickt er auf diese Weise auch Josef mit Maria nach Bethlehem, wo sie kein anderes Unterkommen finden als einen Stall.

Endpunkt ist der Neugeborene, in Windeln gewickelt, in einem Futtertrog abgelegt, kaum geschützt durch die Dachbalken eines Stalles oder die vorstehenden Felsen einer Grotte.

Bethlehem überwindet Rom

Ein schärferer Gegensatz lässt sich kaum vorstellen: Hier der Kaiser auf dem Höhepunkt seiner Macht, Inkarnation von Ruhm und Größe. Dort ein hilfloser, noch verschrumpelter Säugling, gerade ein paar Minuten oder Stunden alt, Kind von zwei Obdachlosen. Hier die erlesene Pracht eines römischen Palastes mit seinen Bodenmosaiken und noblen Wandbehängen. Dort ein Unterstand für Vieh: Es zieht, es stinkt; Schafskot, Stroh, verkrustete Wollbüschel und Schmutz liegen auf dem Boden, und als behelfsmäßiges Babybett dient ein roh gezimmerter Trog.

Auch die Namen sind Programm, wie es unterschiedlicher nicht sein könnte. AUGUSTUS – das bedeutet: der Erhabene und Ehrwürdige, der Ehrfurchtgebietende und Hochheilige. Diesen Ehrennamen erhält der zu höchster Machtfülle aufgestiegene Octavian aufgrund seiner Verdienste vom dankbaren Rom. Als Friedensheiland wird er besungen, der die Welt rettet und mit dessen Geburt eine neue Friedensepoche und Zeitrechnung beginnt. JESUS – das heißt: Gott hilft, Gott rettet, Gott macht bereit. Alle Hilfe kommt von Gott, Retter ist Gott allein – so wird das Kind in der Krippe von seinen Eltern genannt.

Gottessohn – ein politischer Anspruch?

Wenn die frühen Christen Jesus von Nazareth als Gottessohn besingen, dann ist das ziemlich sicher auch eine politische Kampfansage. Wer ist der wahre Friedensheiland? Augustus und seine Nachfolger, die jedes Aufbegehren gegen die *pax romana* genannte blutige Unterwerfung und Kolonisierung der gesamten Mittelmeerwelt brutal niederschlugen? Wer ist der wahre Gottessohn – Augustus, der mit diesem ihm zugeschriebenen Attribut zweifellos politischen Anspruch verband? Oder Jesus aus dem unbekannten Flecken Nazareth, der jüdischer Tradition folgend von einem Gott kündet, der für die Armen und Entrechteten eintritt, der von Gott als dem Vater aller Menschen spricht, der seine Macht ganz anders ausübt als politische Machthaber sich das vorstellen?

Mit Sicherheit hat Augustus nie von Jesus gehört. Das offizielle Rom nahm den Jesus von Nazareth mit einigen Jahrzehnten Verspätung zur

Kenntnis. Was daher weder Augustus noch Lukas wussten oder ahnen konnten: Dieser Säugling sollte einst die Macht der römischen Götter beenden und Rom erobern, auf seine Weise.

Erst von dem Moment an, in dem das Christentum zur Staatsreligion erhoben wird, wächst auch das Weihnachtsfest in seine herausragende Stellung unter den christlichen Feiertagen. In Zeiten der Christenverfolgungen hatten die Gläubigen andere Sorgen als anbetend vor der Krippe zu knien. Andere Feste standen im Vordergrund: Ostern, das Fest der Auferstehungshoffnung, Pfingsten, die Feier der göttlichen Präsenz in dieser Welt. Andere Symbole verliehen Kraft zum Durchhalten: das Kreuz, der Fisch.

Das Krippenkind als Kriegsgott

312 bekennt sich Kaiser Konstantin mit dem Sieg an der Milvischen Brücke zum Jesus von Nazareth: Ihn überzeugt die stärkere Schlagkraft des Christengottes in der Schlacht. Aus dem Gott, dessen Reich den Schwachen Hoffnung bringt, wird der Beschützer der Mächtigen beim Kampf um die Herrschaft. Erst jetzt, da die Christen nicht mehr Verbot und Verfolgung zu fürchten haben, greift das Weihnachtsfest in den Wettbewerb um den ersten Platz unter den christlichen Festen ein. Erst als das Christentum selbst eine Macht geworden ist, die andere an den Rand drängt, gewinnt der Säugling in der Krippe im Stall von Bethlehem an Bedeutung.

Was ist geschehen?

23. Der Stall und die Kirche oder: Die Versuchung der Macht

„denn sie hatten sonst keinen Raum in der Herberge"

Der Petersdom in Rom, ein Monumentalbau der Renaissance, in mehr als 150 Jahren errichtet, ein Kunstwerk voller Kunstwerke – kaum ein Rompilger kann sich seiner Faszination entziehen. In die Bewunderung mischt sich häufig auch Unbehagen: Die Ausmaße des Bauwerks erschlagen, sie schüchtern ein, der Besucher bleibt winzig im Angesicht von so viel Größe. Der Vorplatz, für die Versammlung von Tausenden gedacht, lässt den Einzelnen klein und verloren zurück. Kann man sich einen größeren Gegensatz denken: Hier die Kathedrale des römischen Papsttums, Ausdruck kirchlicher Prunk- und Verschwendungssucht, Symbol umfassender, weltlicher und kirchlicher Macht und Pracht – dort die Notunterkunft in einem gottverlassenen Gebirgsdorf am Rande einer abgelegenen Wüste?

Der Berliner Dom, auch er ein Repräsentationsbau im Stil der italienischen Hochrenaissance, zwischen 1894 und 1905 vom deutschen Kaiser Wilhelm II. als Hofkirche und Mausoleum der Hohenzollern errichtet, auch er ein Manifest weltlicher Macht- und Prachtentfaltung. Über die Schönheit dieses schweren, massiven Bauwerks lässt sich streiten. Aber die Berliner, ein sonst eher kirchenscheues Volk, lieben ihn, ihren Dom. Zu Weihnachten ziehen sie, mit Kindern und Oma, gerne dorthin, um die Geschichte vom Kind in der Krippe zu hören.

Die Botschaft der Strukturen

Doch wie passt das zusammen: die Botschaft des Berliner Doms, dieser Hof- und Grabkirche, die weltlichen Machtanspruch und nationale Überheblichkeit zugleich verkörpert, deren Bauherr mit seiner fahrlässigen Politik und krankhaften Großmannssucht einen verbrecherischen Weltkrieg zu verantworten hat, der unsägliches Leid und Elend über ganze Völker gebracht hat – und die Geschichte der heimatlosen Schwangeren mit ihrem Mann auf der Suche nach einem Dach über dem Kopf für Nacht und Geburt? Kann man glaubhaft für den Frieden in der Welt beten in Räumen, in denen wenig zuvor aus Anlass ihres 100. Todestages der englischen Queen Viktoria ehrend gedacht wurde, ihr, in deren Namen in weiten Teilen der Welt „kolonisiert“, das heißt gnadenlos gemordet, gestohlen, vergewaltigt und gequält wurde?

Verhalten ist weit überzeugender als gesprochenes Wort. Die Strukturen einer Institution enthalten und entfalten eine eigene Mitteilungskraft, die in der Regel stärker ist als die von der Institution verkündete Botschaft. Widerspricht eine Person mit ihrem Verhalten dem, was sie sagt, so glaubt man ihrem Verhalten und nicht den Worten. Steht eine Organisation mit ihren Strukturen im Widerspruch zu dem, was sie mitteilen möchte, so orientieren sich die Menschen wie von selbst an dem, was sie im Verhalten ablesen, das die Struktur ausdrückt. Dies ist ein Grundsatz zwischenmenschlicher Verständigung.

Wer in drohender Haltung eine Liebeserklärung macht, dem glaubt man seine Liebe nicht. Einem Friedensappell der Kriegsindustrie wird man normalerweise mit Misstrauen begegnen. Ein Reicher wird wenige von den Vorzügen der Armut überzeugen. Johannes der Täufer bedeutete für seine Zeitgenossen wohl auch deshalb eine solche Herausforderung, weil sein Ruf zur Umkehr und sein Leben übereinstimmten. Jesu Verkündigung hat die Menschen seiner Zeit bewegt, weil ihnen Gottes Menschenfreundlichkeit auch in seinem Auftreten begegnete. „An ihren Früchten werdet ihr sie erkennen können“ und: „Niemand gießt neuen Wein in alte Schläuche“ (Matthäus 7,16; 9,17), sagt Jesus in seiner bildhaften Sprache. Die Kirche predigt also nicht nur mit Worten, sondern auch in ihren Strukturen, dadurch, wie sie ist.

Die Herrschaft der Strukturen

Die römische Kirche ist, historisch und soziologisch betrachtet, eine beeindruckende Größe. Keine andere Institution der Welt hat, soweit wir wissen, über einen so langen Zeitraum hinweg Macht und Glanz entfaltet. Seit anderthalb Jahrtausenden herrscht sie, zeitweise über die gesamte westliche Welt. Kaiser, Könige und Fürsten lagen ihr zu Füßen, noch heute ist ihr politischer Einfluss und ihre Ausstrahlung beträchtlich. Sie ist die bei weitem größte christliche Kirche. Mehr als eine Milliarde Menschen sind ihrer geistlichen Gewalt untertan.

Es dauerte einige Jahrhunderte, bis die christliche Gemeinde Roms ihre Vorrangsstellung gegenüber den Konzilen der Alten Kirche, gegenüber den anderen Kirchen der westlichen und inzwischen auch restlichen Welt durchsetzen konnte. Ausschlaggebend dafür ist sicher der Standort, die einstige Welthauptstadt. So hat Rom die Strukturen der römischen Kirche weit mehr beeinflusst als das Ursprungsland der christlichen Botschaft. Soziologisch betrachtet ist die Kirche Roms eher Nachfolger der römischen Cäsaren als des Jesus von Nazareth. Dafür gibt es viele Hinweise: eine zentrale Herrschaftsdoktrin, eine zentralistische Leitungsgewalt, eine extrem hierarchische, bis ins Kleinste ausgefeilte Organisationsstruktur, eine ausgeprägte Jurisdiktion, ein universeller Machtanspruch. Der einzelne Untertan bekam vor allem die auf extreme Strafandrohung gestützte Herrschaft über die Gewissen zu spüren, die noch 1998 von Rom bekräftigt wurde und die, von Nero bis in die Gegenwart, immer wieder zu Christenverfolgungen führte.

Es gibt ganz handgreifliche Hinweise für die nahe Verwandtschaft von römischer Kirche und römischem Imperium. Da sind die christianisierten römischen Feste. Da ist die Kirchensprache: Latein, eine Sprache, die Jesus vermutlich nicht beherrschte. Der volle Titel des Papstes lautet: Bischof von Rom, Statthalter Jesu Christi, Nachfolger der Apostelfürsten, Oberster Priester der gesamten Kirche, Patriarch des Abendlandes, Erzbischof und Metropolit der römischen Kirchenprovinz, Souverän des Vatikanstaates. Ganz ähnlich klingt die Liste der Funktionen und Würden eines römischen Cäsaren. Von allen diesen Attributen ist vor allem ein Titel deutliches Erbe des römischen Kaiserreichs: die Bezeichnung *summus pontifex*, Oberster Priester. Auf alten Darstellungen ist Kaiser Augustus als Priester zu sehen. Mit einem Teil der Toga hat er den Kopf bedeckt in der Sitte der Priester, die eine Opferhandlung vollziehen. Wie Tiberius, Caligula, Claudius, Nero und andere Cäsaren nach ihm trägt er den auf Lebenszeit verliehenen Titel: *pontifex maximus.* Damit ist der Kaiser Chef auch der römischen Religion, was seiner Machtausübung eine heilige und dadurch legitime Basis verleiht.[23]

Rom überwindet Bethlehem

Priester sind an Orte gebunden, an denen das Opfer stattfindet. Die Orte müssen ausgewählt und geweiht sein. Sie müssen gepflegt und geschützt werden. Die Opferhandlung verlangt nach Ritualisierung, nach Tradition der Ritualisierung, nach Unterscheidung von Heilig und Nichtheilig, nach den für die Opferung erforderlichen heiligen Geräten und deren Aufbewahrung, nach Auswahl derer, die Zutritt haben zum Allerheiligsten und zum Opferdienst berechtigt sind, und Ausschluss derer, die das nicht sind, nach Tradierung der Opferberechtigung und damit nach Hierarchisierung. Wer an einer Opferhandlung teilnehmen will, muss zu einem bestimmten Ort kommen, nicht umgekehrt. Vor allem aber: Der Vollzug des Opfers ist an den Priester gebunden – ohne Priester kein Opfer. Damit gerät das Opfer in die Verfügungsgewalt der Priester und der ihrem Dienst innewaltenden Logik.

Jesus verstand sich nicht als Priester. Er war ein wandernder Rabbi. Er ging zu den Menschen, die Menschen kamen zu ihm. Seine Botschaft: Die Ankunft der Gegenwart Gottes in dieser Welt ist nicht an Orte, auch nicht an heilige Orte gebunden. Ritualisierungen sah er höchst kritisch. Immer wieder wies er auf die Ritualen innewohnende Verführung hin, mehr auf ihre Durchführung zu achten als auf ihren Sinn. Auch auf die Gefahr hierarchischer Ordnungen machte er aufmerksam. Im Angesicht von Gottes Gegenwart fallen menschliche Hierarchien in sich zusammen. Das hat er mit seiner Umkehr menschlicher Rangordnungen verdeutlicht. Besonders heftig hat er Machtansprüche in Frage gestellt, die glaubten, sich auf Gott berufen zu können.

So stehen sich die Verkündigung Jesu von Gottes Herrschaft über diese Welt und der Anspruch, diese Gottesherrschaft irgendwie priesterlich verwalten und beherrschen zu können, als unüberbrückbarer Widerspruch gegenüber. Das Kind in der Krippe im Stall von Bethlehem hat den mächtigen Kaiser von Rom zu einer Randfigur der Weltgeschichte gemacht. Mit dem folgenreichen Vermächtnis des Titels „Oberster Priester" und anderer Insignien der Macht, vor allem aber mit der Weitergabe seiner Herrschaftsstrukturen, holt Rom zum Gegenschlag aus. Die Opferreligion der heidnischen Antike und das damit verbundene System von Machtausübung hat erfolgreich die lateinischen Kirchen und – mehr oder weniger – auch alle ihre Nachfolger erobert.

Die teuflische Droge Macht

Wenn Jesus seinen Zuhörern etwas unmissverständlich nahebringen wollte, erzählte er eine Geschichte. Jesu Geschichten waren einfach und klar. Jeder konnte sie verstehen. Die nachösterliche Gemeinde hat es ihm nachgemacht. Auch sie erzählt in Geschichten und Legenden von diesem Jesus von Nazareth und was er für sie bedeutete. Die Schilderung der Geburt des Kindes im Stall von Bethlehem bewegt bis heute die Herzen der Menschen. Die Szene, in der ein Engel der jungen Frau Maria eine überraschende Schwangerschaft ankündigt, wurde zu einer Quelle tiefster Frömmigkeit. Weniger beachtet, aber genauso wegweisend ist die Erzählung von Jesu Versuchung.

Nach 40 Tagen Fasten in der Wüste, so berichtet die Legende, ist Jesus erschöpft, müde und hungrig. Bedürftig und verführbar, weil eben ein Mensch. Das nutzt der Verführer und naht mit den Verlockungen totaler Macht.

„Mache doch Brot aus Steinen", rät der Verführer. Wer Steine in Brot verwandeln kann, wer in der Lage ist, Menschen jederzeit aus der Abhängigkeit der körperlichen Grundbedürfnisse zu erlösen, der herrscht über die Menschheit, denn sie ist von ihm abhängig.

„Lass dich von der Spitze des Tempels fallen", flüstert der Verführer. Wer heil vom Dach des Tempels zu springen und somit Naturgesetze außer Kraft zu setzen weiß, wer Wissensdurst, Neugier und Sensationslust der Menschen mittels Faszination und Wundern befriedigt, der herrscht über die Menschheit, denn sie hängt an ihm voller Bewunderung.

„Nutze die Möglichkeiten politischer Verantwortung“, lockt der Verführer. Wer an der Spitze eines Staates steht, wer Regierungsbefugnis innehat und den Ruhm des Mächtigen genießt, der herrscht über Menschen, denn ihr Wohlergehen, ihre Identität und oft auch ihr Leben sind seiner Entscheidungsgewalt unterworfen.

Jesus erliegt den Verlockungen des Verführers nicht. Die Droge Macht, die sich so leicht und unversehens ins menschliche Herz schleicht, die Versuchung, sich über andere Menschen zu erheben, sie in Abhängigkeit zu halten, sie zu faszinieren und zu begeistern, an ihrer Stelle zu entscheiden, was für sie gut oder böse ist – Jesus weist sie als Angriff auf Gottes Herrschaft zurück. Er braucht die Befriedigung der Machtausübung nicht, die Abhängigkeit von der Dankbarkeit, Bewunderung oder Verehrung der Menschen. Er ist nicht abhängig davon, andere abhängig zu machen. Der Geist, der ihn erfüllt, wie Matthäus erzählt (in Kapitel 4), lässt ihn seinen Weg gehen, den Weg der Freiheit Gottes. Der führt ans Kreuz, dem absoluten Ende menschlicher Macht und dem Beginn von Gottes Reich, in dem nur noch Gottes Menschenfreundlichkeit und Liebe herrschen, wo kein Mensch mehr sich über andere Menschen erhebt.

Unfehlbar fehlbar

Immer wieder hat Jesus auf diese Gesetzmäßigkeit von Gottes Gegenwart in der Welt hingewiesen. Darum hat er sich so kritisch mit Theologen und religiösen Führern auseinandergesetzt. „Wer sich selbst erhöht, wird erniedrigt, und wer sich selbst erniedrigt, wird erhöht werden.“ Diesen pointierten Lehrspruch Jesu zitieren Lukas und Matthäus gleich mehrfach. „Größe vor anderen kann es bei euch nur geben im Dienst für andere!“ Darum soll sich niemand mit Herr Pfarrer, Hochwürden, Exzellenz, Meister oder Lehrer anreden lassen, „denn für euch gibt es nur *einen* Lehrer, untereinander seid ihr alle Geschwister“. So ist es schon eigenartig, wenn sich Männer, die keine Väter sind, Vater nennen lassen. Niemand kann diese Position oder gar die eines heiligen Vaters, eines Stellvertreters Gottes oder wie auch immer, beanspruchen – *„ein Einziger* ist euer Vater: der im Himmel“ (Matthäus 23,8–12; ähnlich Paulus, z. B. Römer 14). Diese Sprüche Jesu „richten sich ursprünglich nicht gegen die Eitelkeit der jüdischen Gelehrten, sondern regelten die Frage nach der Lehrautorität in der Gemeinde der Jesusjünger: Sie geht grundsätzlich nicht von Jesus auf seine Jünger über; die christlichen Lehrer haben vielmehr alle gültige Lehre bleibend als Lehre *Jesu* zu überliefern.“[24]

Menschen sind Menschen. Sie irren, denn sie sind Geschöpfe. Sie sind stets in Entwicklung, nie fertig. Sie machen Fehler, egal in welcher Position. Sie sind fehlbar, unfehlbar fehlbar. Verführbar, denn sie möchten alles wissen, alles können, ewig leben, Raum und Zeit beherrschen. Stark möchten sie sein und absolute Gewissheit haben. Wie Götter möchten sie sein, an Gottes Stelle handeln und sprechen. Gott aber liebt das Lebendige, die Schwachen, die Unbedeutenden. Die, die offen sind wie Kinder, offen für Neues, für Fragen, offen dafür, dass das Leben geheimnisvoll ist und widersprüchlich.

Jesu Lehre hat den Christen ein unvermeidliches und unüberwindliches Paradox beschert. Die christliche Botschaft von Gottes Vorliebe für die Ohnmächtigen ist nur durch die christliche Gemeinde zu bewahren und weiterzugeben. Wo Gemeinde sich organisiert, wird Verantwortung delegiert und damit Macht übernommen. Wie kann man als Verantwortlicher eine Botschaft verkünden, die ständig infrage stellt, was man als Verantwortlicher tut? Die Mächtigen in der Kirche brauchen daher, als Schutz vor sich selbst, nichts dringlicher als die Fürsorge, die Zuwendung und die Stärke der Schwachen. Diejenigen, die die Lasten der Macht nicht tragen müssen, sind vielleicht freier, denen, die der Süße des Gifts der Machtausübung ausgesetzt sind, geschwisterlich und hilfreich zur Seite zu stehen.

24. Fest der Frauen oder: Die Würde der Frau ist die Würde des Mannes

„Maria trat in das Haus des Zacharias und begrüßte Elisabeth.“

Zwei Frauen treffen sich. Maria besucht Elisabeth, ihre Verwandte. Sie wird bald Mutter sein, zum ersten Mal. Elisabeth ist viel älter als Maria. Aber auch sie erwartet ihr erstes Kind. Beide wurden von der Schwangerschaft total überrascht. Bei beiden scheint bisher alles gut zu verlaufen. Dafür sind sie dankbar. So haben sie eine Menge zu erzählen und zu bereden. Wie Frauen das gerne tun, wenn sie einander längere Zeit nicht gesehen haben. Reden über die großen und kleinen Dinge des Alltags, Reden über Freuden, Kummer und Sorgen, die das Herz bewegen. Reden, weil

Reden Beziehung schafft und Nähe. Reden, weil Leben ohne Reden öde ist und kalt.

Weihnachten ist ohne Frauen nicht denkbar. Zumindest bei Lukas ist das so. Im Prolog seines Evangeliums, den Kapiteln 1 und 2, hat er die Kindheitsgeschichten Jesu liebevoll und ausführlich gestaltet. Frauengestalten spielen da eine herausragende Rolle. Schwangerschaft, Geburt, Pflege eines Säuglings – das sind Themen, die Frauen besonders betreffen. In besonderer Weise sind Frauen durch Schwangerschaft und Geburt in Gottes Schöpfungsgeschehen einbezogen, des Schutzes und der Fürsorge bedürftig wie auch selber Schutz und Fürsorge gebend. Weihnachten tritt Gottes fürsorgliche Seite zu Tage.

Gottesreich und Frauenalltag

Frauen nehmen auch sonst in den Berichten der Evangelien einen wichtigen Platz ein. Wie Gottes Gegenwart das Leben der Menschen verändert, veranschaulicht Jesus gerne an Szenen aus dem Alltag. Er spricht von einem Bauern, der auf seinem Acker Samen auswirft. „Und der Same keimt und wächst – wie, das weiß er selbst nicht!" (Markus 4,26 f.). Er erinnert an das Senfkorn, das kleiner ist als andere Samenkörner, „doch, einmal ausgesät, geht es auf und wird größer als alle übrigen Kräuter" (Markus 4,31 f.). Fröhliche Mahlzeiten haben eine zentrale Bedeutung im Leben Jesu – in ihnen ist die kommende Gemeinschaft des Gottesreiches schon Gegenwart. Darum erzählt Jesus von der Einladung zu einem Festessen, die die geladenen Gäste unverständlicherweise ablehnen (Lukas 14,16 ff.), oder von Kindern auf der Straße, die keinen Spaß am Spielen haben (Lukas 7,32). Er redet von Winzern und ihrem Weinberg. Mit Vorliebe greift Jesus in seinen Gleichnissen allerdings auch auf kleine Begebenheiten aus dem Alltag von Frauen zurück: Wie eine Frau Sauerteig zubereitet, wie zwei Frauen zusammen Korn mahlen, wie eine Frau ihre Nachbarinnen zusammenruft, um sich mit ihnen über verloren geglaubtes und wiedergefundenes Geld zu freuen (Lukas 13,21; 17,35; 15,8 f.).

Frauen begleiten Jesus

In Jesu Leben, auf seinen Wanderungen haben Frauen ihren selbstverständlichen Platz. Sie begleiten ihn, bei ihnen kehrt er ein, sie kommen mit ihrem Vermögen für ihn auf, wohl auch für seine Jünger. Während die Jünger fliehen, als es gefährlich wird, Judas Jesus verrät, Petrus, der „Fels", ihn verleugnet, trauen sich Frauen unter das Kreuz. Sie sind anwesend, als er stirbt, stumm, in trauernder Anteilnahme. Frauen sind die ersten Zeuginnen seiner Auferstehung. Wir kennen ihre Namen, von einigen zumindest (Markus 15,40 f.; Lukas 8,3). Jesus heilt Frauen wie Männer, redet mit Frauen wie mit Männern. Immer wieder werden in Doppelbeispielen Frauen und Männer in gleicher Weise angesprochen. (Wie etwa in dem Hinweis: In den Tagen Elias gab es viele Witwen in Israel, aber nur zu einer wurde Elia gesandt; viele Leprakranke gab es, einer allein wurde rein; Lukas 4,25 f.) Es gibt kein Wort Jesu, das Frauen abwertet oder irgendwie stigmatisiert.

Jesus hat Brauch und Sitte seiner Umwelt wohl einigermaßen respektiert. Im oberen Bereich des Sees Genezareth zog er durch Dörfer und Städte und war dabei von einer Gruppe von Männern umgeben, seinen Jüngern. Sie folgten ihm und ließen vorübergehend Familie, Beruf und festen Wohnsitz zurück. Mit ihnen kehrte er hier ein, hielt dort ein Mahl oder zog sich in die Wüste zurück. Von Jüngerinnen ist in den Evangelien nicht die Rede, auch wenn immer wieder Frauen Jesus begleitet haben, wie auf der Reise zum Passahfest in Jerusalem.

In einer von Männern dominierten, von patriarchaler Tradition geprägten Umwelt muss der freie Umgang Jesu mit Menschen beiderlei Geschlechts Anstoß erregt haben. Für Jesus haben Frauen und Männer gleichen Rang. Im Angesicht Gottes hat jeder Mensch die gleiche Würde, ob Kind oder Erwachsener, Frau oder Mann, ehrbarer Bürger oder Asozialer. Wenn Gottes Herrschaft im Anbruch ist, erübrigt sich die Frage nach menschlicher Herrschaft, Macht und Rangordnung. Diese innere Einstellung Jesu wird besonders deutlich in seinem Verständnis des Ehescheidungsverbots.

Die Frau – ein Stück Garten?

Theologen, so berichtet eine Erzählung aus nachösterlicher Zeit, wollen Jesus testen: „Wie hältst du es mit der Ehe? Wie hältst du es mit dem Gesetzbuch? Darf ein Mann seine Frau verstoßen?"

Als kluger Diskutant stellt Jesus eine Gegenfrage: „Was steht im Gesetz?"

„Das Gesetz erlaubt dem Mann", antworten sie, „einen Scheidebrief auszustellen und sie zu entlassen."

Die Tradition, das mosaische Gesetz, ist Mann-orientiert. Die Frau ist Besitz des Mannes. Ehebruch gilt als besonders schlimme Form des Diebstahls. Der Mann heiratet die Frau, um Kinder mit ihr zu haben. Damit die Familie sich fortpflanzt. Die Frau ist wie ein Garten. Ist sie unfruchtbar, so ist die Existenz der Familie gefährdet. Kinderlosigkeit stellt in traditionellen Gesellschaften, in denen das Überleben von der Familie abhängt, bis heute eine absolute Katastrophe dar. Denn die ganze Sippe ist vom Aussterben bedroht (dazu ausführlich Kapitel 19). Gehört die Frau dem Mann, so kann er mit ihr machen, was er will. Er kann sich von ihr trennen, wie von einem Stück Land, und sich eine neue nehmen. Frauen hatten in der Umgebung Jesu nicht das gleiche Recht.

Jesus antwortet den Theologen: „Ich aber sage euch: Wer seine Frau entlässt, um eine andere zu heiraten, begeht Ehebruch" (Markus 10,1–11; Matthäus 5,32). Gottes Wille ist es nicht, Frauen als Sache zu betrachten. Wer sich so verhält, zerstört Beziehung, schadet der von Liebe und Respekt geprägten Gemeinschaft der Menschen, wie Gott sie will. Denn Gott ist Liebe. Gott selbst ist Beziehung. Jesus schränkt die männlichen Sonderrechte ein, er stößt den Mann mit seiner Sonderstellung von seinem Sockel. Er stellt Frau und Mann auf eine Stufe.[25]

Gegenschlag

Wie haben Jesu Nachfolger seine Frauenfreundlichkeit gepflegt? Wie haben sie die Tradition fortgeführt, Frauen und Männer gleichrangig zu bewerten und zu behandeln? Die Haltung der offiziellen Kirche gegenüber den Frauen ist, leider, eines der finstersten Kapitel der Christentumsgeschichte. Es ist schon tragisch: Wieder einmal verkehrt sich ein Impuls Jesu im Laufe der Zeit in sein Gegenteil. Das Christentum ist offensichtlich eine Religion voll extremer Reaktionen.

Wohl stehen in der nachösterlichen Gemeinde einige Frauen – die den Herrn gesehen hatten – in hohem Ansehen. Es dauert jedoch nicht lange, da haben Frauen in der Gemeinde und in der Kirche nichts mehr zu sagen. Die Kirche mutiert zu einem Instrument männlicher Herrschaft und Gewalt. Auf dem Höhepunkt maskulinen Machtwahns werden Frauen verleumdet, gequält, verfolgt und verbrannt. Davon war bereits die Rede (Kapitel 17).

Was ist geschehen? Wie lässt sich dieser Umschlag ins Gegenteil verstehen? Ein kurzer Blick auf die Dynamik sozialer Systeme mag eine Erklärung liefern. Um überleben zu können braucht jedes Sozialsystem, jede Organisation oder Einrichtung, ein Mindestmaß an Stabilität. Die verschafft es sich durch innere Ausgewogenheit, durch das jedem System innewohnende Prinzip des inneren Ausgleichs gegensätzlicher Tendenzen. Schlägt das Pendel der Entwicklung zu sehr in die eine Richtung aus, so erfolgt irgendwann eine Korrektur: der Rückschlag in die andere Richtung. Eine Zeitlang mag es so aussehen, als neige sich das System eindeutig der einen Seite zu. Über kurz oder lang erfolgt jedoch eine Gegenbewegung, unweigerlich. Je heftiger ein neuer Anstoß ist, mit desto stärkerem Widerstand und Gegenschlag ist in der Regel zu rechnen. Auf diese Weise regulieren lebendige Systeme sich selber.

Paradoxerweise lassen Frauenverachtung und Frauenhass in Teilen der kirchlichen Tradition darauf schließen, wie unschicklich Jesu Anstoß gewirkt haben muss. Er wurde als so revolutionär erlebt, dass Jesu Nachfolger ihn nicht lange ertragen konnten. Sie haben ihn schleunigst entschärft. Erst heute, fast 2000 Jahre später, kehren die Kirchen bei diesem Thema zu ihren Ursprüngen zurück – wenn auch vielfach nicht ohne Mühen – und beginnen Frauen und Männer mit gleichem Rang und gleicher Würde zu behandeln.

Definitionsmachtmissbrauch

Fatale Folgen hatte die Verknüpfung des Themas Frau mit einer destruktiven Vorstellung von Sexualität. Das geschah schon im Urchristentum, vermutlich auch in Abwehr von Gewohnheiten und Lebensstil der Umwelt, bleibt aber dennoch eine der folgenreichsten Fehlentwicklungen der jüdisch-christlichen Tradition.

Männer sind sexuelle Wesen. Frauen sind sexuelle Wesen. Sexualität gehört zur Grundausstattung jedes menschlichen Wesens. Werden Frauen als Verführung oder Verführerinnen beschrieben, so reden zwangsläufig Männer und Männerfantasien. Sie verkürzen das Wesen der Frau – auf ein männliches Problem.

Der Frauenbewegung der letzten hundert Jahre verdanken wir die Einsicht in die unglaubliche Macht und Gewalt, die ich ausübe, wenn ich andere definiere. Im Kampf der Partner und Geschlechter ist dies eine der wirksamsten und schädlichsten Waffen. Ich mache mir ein Bild vom anderen: Ich bestimme, wer der andere ist, was er tut und kann; ich verkürze, ich beschneide, ich füge hinzu, ich übertreibe; ich schließe den anderen im Gefängnis meiner Vorstellung ein, ohne ihn zu fragen. Da sitzt er oder sie nun und kann nicht heraus, kann sich nicht wehren – und ist mir untertan. Schon in den uralten zehn Gottesempfehlungen für gewaltfreies Leben wird vorgeschlagen, sich „kein Bildnis noch irgendein Gleichnis zu machen, weder von dem, was im Himmel, noch von dem, was auf der Erde ist" (2.Mose 20,4).

Kirche vor Gericht

Johannes (8) erzählt dazu eine bedenkenswerte Geschichte. Es ist eine Männergeschichte. Und sie handelt von einer Frau.

Theologen und Lehrer bringen eine Frau zu Jesus, stellen sie in die Mitte und sagen: „Meister, diese Frau ist auf frischer Tat beim Ehebruch ertappt worden. Das Strafgesetzbuch ordnet an, sie zu steinigen. Was sagst du dazu?"

Wieder eine Testfrage, und zugleich eine Gerichtssituation: Die Fragenden erheben Anklage, sie sind die Ankläger. Die Frau ist die Angeklagte. Jesus soll der Richter sein.

Die Szene kann aber auch zum Tribunal für Jesus werden: Jesus ist der Prüfling, die Fragenden sind die Prüfer. Antwortet er nicht richtig, so werden sie als Richter über ihn zu Gericht sitzen und ihn verurteilen.

Wie reagiert Jesus? Er bückt sich und malt mit dem Finger im Sand.

Er schaut sie nicht an. Vielleicht um sie nicht zu beschämen. Er fragt nicht: Wo ist der Mann, wo sind die Männer, die noch zu dieser Geschichte gehören? Er sagt nicht: Wie kommt es, dass ihr sie auf frischer Tat ertappt habt? Oder: Warum interessiert euch die Geschichte so? Er malt im Sand.

Damit geben sich die Fragenden nicht zufrieden. Sie werden ungeduldig, sie beharren auf einer Antwort. Da richtet sich Jesus auf. Er blickt ihnen gerade ins Gesicht und sagt: „Wer von euch ohne Fehler ist, werfe den ersten Stein. Wer von euch noch nie zuerst an sich dachte, noch nie Hass- und Gewaltimpulse gegen andere verspürte, wer stets die Wahrheit sagte und noch nie ein bisschen gemogelt hat, wem begehrliche Blicke auf das andere Geschlecht fremd sind – der hat das Recht, über die Fehler anderer zu Gericht zu sitzen, sich über Mitmenschen zu erheben."

Und er bückt sich wieder und malt weiter im Sand.

Als sie das hören, gehen sie fort, einer nach dem anderen, angefangen bei den Ältesten. Jesus bleibt allein zurück mit der Frau, die noch in der Mitte steht.

Da richtet sich Jesus auf, schaut die Frau an und sagt zu ihr: „Frau, wo sind sie? Hat keiner das Urteil über dich vollstreckt?"

Sie antwortet: „Keiner, Herr."

Darauf Jesus: „Auch ich verurteile dich nicht! Geh, ich gebe dich dem

Leben zurück! Lebe in Liebe. Lebe in Beziehungen, die gut und heilsam sind für dich und für andere."

Die Selbstgerechtigkeitsfalle der Engagierten

Jesus sagt denen, die ihn prüfen wollen, nicht, dass sie unrecht haben. Er stellt die Regeln menschlichen Zusammenlebens, die die Fragenden vertreten, für deren Einhaltung sie Verantwortung tragen, nicht infrage. Sie machen nichts falsch – außer vielleicht, dass sie meinen, es gebe Menschen, die sich richtig verhalten, und Menschen, die Unrecht tun. So stellt er alle Menschen zusammen vor das Gericht der göttlichen Gnade, die jeder braucht. Da sind auf einmal alle gleich. Da sind die, die sich besonders bemühen, die sich für ein Anliegen einsetzen und engagieren, die zum Beispiel wissen, was im Miteinander der Menschen, im Respekt gegenüber der Umwelt zu tun und zu lassen sei, besonders gefährdet. Gerade fromme Menschen pflegen gerne Vorurteile, damals wie heute. Denn sie glauben besser zu wissen als andere, was zu tun ist. Es ist nicht möglich, sich nicht ein bisschen besser zu fühlen als andere – und damit zu deren Beurteiler und Richter zu werden.

Diese Geschichte bedeutet das Ende jeder Selbstgerechtigkeit. Mit ihr steht jedes Sich-über-andere-Erheben – als Mann, als Frau, als Kirche, als Kirchenkritiker usw. – vor Gericht. Sie erzählt von der Befreiung zu einem Leben, in dem sich alle – ohne Rang und Unterschied – über Gottes Liebe freuen können.

25. Hirten und Engel oder: Vom Privileg der Leute am Rande der Gesellschaft

„Nun waren Hirten in derselben Gegend auf dem Felde und hielten Nachtwache bei ihrer Herde."

Schafe halten sich an keine Grenzen. Sie fressen, wo sie etwas finden. Die Winter sind kühl im judäischen Bergland. Fällt Regen, so überzieht die kargen Flächen in kürzester Zeit ein Schimmer von Grün. Sobald die Regenperiode vorbei ist und die Herden ihre Winterquartiere verlassen können, ziehen sie hinaus und weiden abseits der Dörfer und Oasen. Frühjahr und Sommer jedoch bringen Trockenheit und Hitze. In Steppe und Hügelland verbrennen Gräser und Kräuter. Da kehren die Tiere in die Nähe des bebauten Landes zurück. Sie weiden am Rande der Felder, sie weiden auch auf den Feldern, wenn niemand sie hindert. Denn anfangs ist die Saat noch saftig und frisch. Im Herbst beweiden sie abgeerntetes Ackerland oder auch noch nicht ganz abgeerntetes Land. Und schon gibt es Streit mit denen, die die Äcker bebauen.

Ziegen sind geschickt und flink. Sie klettern auf Sträucher und Bäume. Dort fressen sie alles, Knospen, Blätter, Zweige, ratzekahl. In den heißen Monaten, wenn im Bergland nichts mehr zu holen ist, nähren sie sich von den Hecken der Gärten. Oder sie geraten in die Pflanzungen, zum Ärger der Gartenbesitzer und Gärtner.

Hirten sind raue Gesellen. Eine feindliche Umwelt macht sie dazu. Überall lauert Gefahr. Wilde Tiere bedrohen die Herden. Räuber stehlen Tiere. Ziegen versteigen sich in Berghängen und Felsen. Schafe verlaufen sich zwischen Hügeln und Tälern. Der Hirt, der einem verirrten Tier nachgeht, ist dem Orient ein vertrautes Bild. Die Leser der Bibel kennen es als Gleichnis für Gottes Freude über die Rettung des Verlorenen.

Auf der Suche nach lohnenden Weideplätzen sind Hirten mit ihren Herden ständig unterwegs. Tags glüht die Sonne brennend heiß. Nicht immer ist eine Terebinthe in der Nähe, deren Zweige in der Mittagshitze Schatten spenden. Die sternklaren Nächte sind oft bitterkalt. Es ist eine harte Existenz, mit eigenen Regeln und Gesetzen. Hirten müssen sich selber schützen, ihre Rechte selber verteidigen. Untereinander kämpfen sie um Wasserstellen für die Tiere. Mit den Landbesitzern leben sie in Fehde, immer wieder gibt es Anlass zu Streit. Den Bewohnern fester Siedlungen sind sie nicht geheuer, gelten als Betrüger, als räuberisch und gewaltbereit. Ihr Wort zählt nicht vor Gericht. So leben sie am Rande der Gesellschaft, abseits der Zivilisation, fast wie Ausgestoßene.

Option gegen sozialen Ausschluss

Genau diesen Ausgegrenzten erscheinen die Engel. Zwielichtige Typen erfahren, wonach sich Fromme und Gottessucher seit Jahrhunderten sehnen. Denen, die in gespannter Beziehung zu ihrer sozialen Umwelt leben, wird die Botschaft vom Frieden auf Erden verkündet: vom Ende der Spannungen zwischen Gruppen und Völkern, und vom Beginn einer Zeit, in der die Beziehungen von Mensch zu Mensch heil sind und gesund. Halbkriminellen, die mit Recht und Gesetz nicht viel am Hut haben, wird eine Ordnung der Gerechtigkeit verheißen, die niemanden ausschließt, aber alle einschließt.

Gottes Liebe ist schrankenlos. Daher überwindet sie alle Schranken. Gottes Reich heißt: Menschen leben heil und glücklich ihrer göttlichen Bestimmung. Im Kommen Jesu wird Gottes Gegenwart Wirklichkeit. Darum ist schon seine Geburt ein frohes Ereignis, das Engel ankünden. Darum erzählen die Evangelien eine Geschichte nach der anderen, wie in Jesu Gegenwart, wie durch sein Handeln Ausgrenzung und Entfremdung aufgehoben werden.

Ein psychisch Kranker schreit wie besessen. Er hat es schwer mit sich, die anderen haben es schwer mit ihm. Seelische Widersprüche, Stimmen in seinem Inneren zerreißen ihn. Jesus macht dem destruktiven intrapsychischen Dialog ein Ende: Er heilt ihn. Ein anderer hat Lepra. Die Krankheit gilt als unheilbar. Sie ist hoch ansteckend. Dem Kranken ist jeder Kontakt mit Gesunden strengstens untersagt. Er lebt in Quarantäne, an verlassenen Orten, einsam außerhalb der Dörfer und Städte. Seine Gesundung holt ihn aus der Verbannung in die Gemeinschaft der Menschen zurück. Wieder andere sind körperbehindert, leiden unter Lähmungen, Dauerblutungen, Blindheit oder sind taubstumm. Auch ihre Heilungen sind Zeichen, dass in Gottes Gegenwart niemand ausgestoßen bleibt.

Wer arm ist, wird reich

Es ist sicher kein Zufall, dass Lukas die Engel ausgerechnet zu den Hirten schickt und nicht Weise aus dem fernen Osten mit königlichen Geschenken anreisen lässt. Lukas hat auch die Heilszusagen Jesu an die Armen, Hungernden und Weinenden in ihrer ältesten, ursprünglichsten und kompromisslosesten Fassung überliefert:

> Selig die Armen, denn euch gehört das Reich Gottes!
> Selig die Hungernden, denn ihr werdet satt werden!
> Selig die Weinenden, denn ihr werdet lachen!

Diese Seligpreisungen sind bei Lukas durch Weherufe über die Reichen, Satten und Lachenden noch verstärkt (Lukas 6,20 f.24 f.). Lukas erzählt die Geschichte vom reichen Mann, der nach seinem Tod in der Unterwelt leidet und sehen muss, wie der arme Lazarus, der, als er noch lebte, vor des Reichen Tür herumlungerte, von den Engeln an Abrahams Brust getragen wird. Oder die Geschichte von den beiden verlorenen Söhnen:

Der eine verspielt sein Geld und Gut, kehrt jedoch um und wird in Freuden wieder aufgenommen, denn „er war tot, und ist wieder zum Leben gekommen, er war verloren, und ist wiedergefunden"; der andere, der immer Korrekte und Zuverlässige, schließt sich selber aus, weil er sich über die Güte und Freude des Vaters nicht freuen kann (Lukas 16,19 ff.; 15,11 ff.).

Immer wieder sind Mahlzeiten für Jesus das Symbol der neuen Gesellschaftsordnung Gottes. Die feine Gesellschaft, die frommen Christen rümpfen die Nase: „Warum setzt er sich mit Prostituierten und korrupten Staatsbeamten an einen Tisch?" „Ich bin nicht gekommen, Gerechte zu rufen, sondern die, die Gott verloren haben", antwortet Jesus (Markus 2,16 f.). Frauen und Männer mit eher zweifelhaftem Ruf: Asoziale und Ausgegrenzte. Die im sozialen Abseits leben, ohne Rechte. Die wegen ihrer sozialen oder nationalen Herkunft ständig übersehen, verspottet und diskriminiert werden. Die Zweitrangigen, die nichts zu bestellen haben. Die nicht zahlen können und darum nicht zählen. Die man verachtet oder erst gar nicht beachtet. Sie alle sind Gottes bevorzugte Tischgenossen.

Wer einen Blick in Gottes Reich werfen will, für den hat Jesus einen heißen Tipp: „Gib ein Festessen. Lade Arme, Behinderte, Lahme und Blinde ein: und du wirst selig sein, denn sie können es dir nicht vergelten" (Lukas 14,13 f.). Heute wäre das eine Grillparty mit Sozialhilfeempfängern und Obdachlosen, alleinerziehenden Müttern und Asylbewerbern, Drogenabhängigen und Haftentlassenen, Frauen aus Polen oder der Ukraine, die in unserem Land zu überleben hoffen, und staatenlose palästinensische Flüchtlingskinder, die keine Identität haben, weil unsere Standesämter ihnen Geburtsurkunden ausstellen, auf denen kein Name steht, da auch ihre Eltern sich nicht ordentlich ausweisen können.

Wer reich ist, ist arm

„Sie können es dir nicht vergelten." Das ist der Grund. Sie können sich nicht revanchieren, denn sie haben nichts, was sozial zählt. Sie haben leere Hände. Wer nichts in den Händen hat, kann sie am leichtesten öffnen. Empfangen kann man eben nur mit offenen Händen. Das ist das Privileg der Armen, und der Kinder. Sie können nur empfangen. Gottes Liebe, das Geschenk zu leben, einzigartig zu sein, kann man sich ohnehin nicht verdienen. Man empfängt es.

Menschen sind uns fremder, je ärmer sie sind. Ist es diese Fremdheit, die uns reiche Christen von den Armen der Welt trennt, deren Bruder Jesus geworden ist? Jesu Satz „Leichter kommt ein Kamel durch ein Nadelöhr als ein Reicher in Gottes Reich“ ist durchaus wörtlich gemeint. Das größte Tier des Orients passt unmöglich durch das kleinste damals bekannte Loch (Matthäus 19,24). Haben wir Reichen dann überhaupt eine Chance? Wer reich ist, hat andere Sorgen als Gottes Gegenwart. Er sorgt sich um seinen Besitz. Die Sorgen des Alltags, um Nahrung und Kleidung und all die anderen Dinge, die wir brauchen, nehmen ihn gefangen, beherrschen sein Denken und Handeln. „Man kann nicht zwei Herren zugleich dienen. Ihr könnt nicht Gott dienen und dem Mammon“, sagt Jesus in der Bergpredigt (Matthäus 6,24 ff.). Lasst nicht die Sorgen Herr sein über euch! Vertraut auf Gott, wie die Lilien auf dem Feld und die Vögel unter dem Himmel. Wo Sorgen das Herz ausfüllen, da ist die Gewissheit verloren gegangen, dass es Gott ist, der als Schöpfer und Erlöser Leben schenkt und erhält – und nicht materielle Absicherung.

Aber: Leben Arme sorgenfrei? Sind nicht gerade sie zerfressen von Sorgen um Geld, Nahrung und Kleidung? Ihr Unterschied zu den Reichen ist wohl: Sie sind für Geschenke offen. Wird etwas in ihre Hand gelegt, so schwinden die Sorgen. Im Herzen ist Raum für Dank und Freude.

Gott arbeitet nicht ohne Bodenpersonal

Engel, das sind Boten Gottes. Das griechische Wort *angelos*, wie es in den Evangelien steht, bedeutet sowohl Bote als auch Botschaft. Brauchen Engel Flügel? Wenn sich der Himmel in erreichbarer Entfernung oberhalb der Erde befindet – so wie man es sich früher vorstellte –, müssen Gottes Nachrichtenträger auf- und absteigen, um ihre Botschaften zu übermitteln. Das geht nicht gut ohne Flügel.

Heutzutage arbeitet Gott eher mit Bodenpersonal. „Freue dich, du erwartest ein Kind!“, sagt ein Gottesbote zu Maria. „Geht nach Bethlehem, dort findet ihr ein Kind, das in Windeln gewickelt in einer Krippe liegt!“, weist ein Bote die Hirten an. „Frau, warum weinst du?“, fragt jemand die trauernde Maria aus Magdala an Jesu Grab (Johannes 20,23). Haben wir solche Anteilnahme schon einmal erfahren: „Warum weinst du?“ Haben auch wir überraschende oder freudige Nachrichten erhalten? Hat sich schon einmal in einer schweren Stunde ein verständnisvoller Arm um unsere Schulter gelegt und sich erkundigt: „Wie geht es dir?“ Die Welt ist voller Engel. Vielleicht merken wir es nur nicht. Sie haben keine Flügel. Wir hören sie nicht, weil wir möglicherweise viel zu sehr gewohnt sind, alles selber in die Hand zu nehmen statt auf Gottes Botschaft zu lauschen.

Beduinenkind im Futtertrog

Die Hirten der Weihnachtsgeschichte beschließen: „Los, lasst uns nur gleich nach Bethlehem gehen! Das Gotteswort wollen wir sehen, das der Herr uns angekündigt hat!“ Und sie kommen in Eile und finden Maria und Josef und das Kind, das in einer Krippe liegt. Ein Kind in einer Krippe ist für sie nichts Ungewohntes. Palästinareisende des vergangenen Jahrhunderts haben es berichtet. Eine Höhle, ein Felsvorsprung, ein strohbedecktes Dach bilden den Wohnraum der Familie. Ein niedriges Steinmäuerchen trennt den Lebensbereich der Menschen von der Lagerstätte der Tiere. Eine Krippe, aus Lehm geformt, ein Trog, in Stein gehauen, sind gerade groß genug, um einen Säugling aufzunehmen, der dort in Tücher gewickelt liegt, fest zusammengeschnürt, wie es Sitte der Beduinen ist.

Die Hirten finden etwas Alltägliches: Einer der Ihren liegt in einer Krippe. Dieses Kind ist selbst eine Botschaft: Gott ist zu uns gekommen. Aus Freude darüber „berichten sie von dem Gotteswort, das ihnen über dieses Kind gesagt worden ist. Und alle, die es hörten, staunten über die Nachricht, die ihnen durch die Hirten zu Ohren kam“ (Lukas 2,8 ff.). So werden die Hirten, die Ausgegrenzten, selber zu Boten Gottes für andere.

26. Die Ausländer und ihr Stern oder: Von Gottes Vorliebe für das Fremde

„Es kamen Gelehrte aus dem Morgenland nach Jerusalem und sagten: Wo ist der neugeborene König der Juden? Wir haben seinen Stern aufgehen sehen und sind gekommen, ihm zu huldigen.“

In den trockenen Landstrichen des Orients leuchten die Stern nachts unglaublich klar. Der Himmel ist voller Geheimnisse. Und voll wunderbarer Gesetzmäßigkeiten. Seit undenklichen Zeiten versucht menschlicher Geist die Regeln der Himmelsbewegungen zu erfassen. Sternbeobachter verfolgen den Lauf der Gestirne. Sterndeuter suchen nach dem verborgenen Sinn himmlischer Vorgänge. Schon lange vor Jesu Zeit wussten Sternforscher bevorstehende und zurückliegende Planetenbewegungen auf Jahr,

Tag und Stunde genau zu berechnen. Das zeigen ägyptische Papyri aus der Zeitenwende.

Für den Herbst des Jahres 7 vor unserer Zeit war eine außergewöhnliche Konstellation zu erwarten: Jupiter und Saturn sollten sich überraschend nahe kommen. Als am Abend des 15. September die Sonne unterging, erschienen zunächst Jupiter und Minuten später Saturn strahlend hell am Abendhimmel im Sternbild der Fische, Seite an Seite, mit einem Unterschied von nur einem Grad. Später in der Nacht lagen sie dicht an dicht, nur ein zwanzigstel Grad auseinander. Im Verlauf weniger Monate wiederholte sich diese spezielle Konjunktion (sie tritt nur alle 794 Jahre auf) drei mal. Kein Zweifel, ein Welt-bewegendes Ereignis stand bevor.

Vom Planeten zum Wanderstern

Im Alten Orient, dem Land der Babylonier und Assyrer, der Chaldäer und Perser, waren Astronomie und Astrologie von alters her eine hochentwickelte Kunst. Den Sterndeutern oder „Magiern", wie es im Griechischen heißt, bedeutete jeder Stern, jedes Sternbild ein Teilstück im Puzzle des göttlichen Willens, den es zu entziffern galt. Jupiter – das war der Planet des Weltenherrschers. Saturn stand für Palästina. Das Sternbild der Fische symbolisierte den fruchtbaren Halbmond, der sich von den Ebenen der Flüsse Euphrat und Tigris im Osten bis zum Tal des Nils im Westen erstreckt. Die ungewöhnliche Sternenkonstellation erschien am Abendhimmel, also im Westen. Es war kein Irrtum möglich: Im Westen, im jüdischen Land, musste ein neuer König, der kommende Weltenherrscher, geboren sein.

Dies ist der Hintergrund der Erzählung des Matthäus (Kapitel 2) von den Weisen aus dem Morgenland. Gelehrte Forscher machen sich auf. Sie folgen dem Stern: Er weist sie zunächst nach Westen. Später ändert er die Richtung, zieht als Wanderstern von Jerusalem nach Bethlehem, also von Norden nach Süden, vor den Reisenden her, passt sich menschlichem Tempo an und bleibt schließlich über dem Ort stehen, an dem Jesus geboren wurde. Wahrlich ein wundersamer Stern.

Aus Forschern werden Könige

Nicht weniger wundersam ist, was wir im Laufe der Jahrhunderte, die die Geschichte von den Weisen aus dem Orient erzählten, alles über sie erfahren. Wie viele Magier waren es? Darüber haben die Kirchenväter im Altertum lange gestritten. Sieben, vermuten die einen, wegen der Zahl der

Sakramente. Zehn, meinen andere, wegen der zehn Gebote, oder zwölf, wegen der Anzahl der Apostel. Kirchenvater Origenes entscheidet sich für drei, wegen der Dreizahl der Geschenke. Tertullian macht sie zu Königen – weil z. B. in Psalm 72,10 f. steht: „Die Könige von Tharsis und den Inseln müssen Geschenke geben, die Könige von Saba und Seba müssen Gaben darbringen. Alle Könige müssen ihm huldigen, alle Heiden ihm dienen" (ähnlich Jesaja 60) – und weil Gold, Weihrauch und Myrrhe als königliche Geschenke betrachtet werden. Später bekommen die Könige Namen, unterschiedliche Hautfarbe, werden Vertreter dreier Kontinente – Afrika, Asien, Europa – oder dreier Menschenalter: Jüngling, Mann, Greis. Im späten Mittelalter bekommen sie sogar Wappen. Schon vorher hatte man ihre Gebeine gefunden und als Reliquien verehrt.[26]

Die Freude der Heiden und die Panik der Frommen

Den Anstoß für die Legende, die Matthäus erzählt, hat möglicherweise ein Vers aus dem 4. Buch Mose (24,17) gegeben: „Ein Stern geht auf aus Jakob, ein Zepter erhebt sich aus Israel." Oder Worte der Propheten wie: „Die Heiden werden zu deinem Lichte ziehen und die Könige zum Glanz, der über dir aufgeht" (Jesaja 60,3). Jedenfalls ist auch diese Weihnachtsdichtung meisterhaft gestaltet, voll unglaublicher Spannung. Auf der einen Seite die Weisen, sternkundige Männer, Fremde, heidnische Gelehrte. Sie kommen aus der Ferne. Dort haben sie geforscht. Sie haben in den Zeichen des Himmels gelesen. Sie haben eine Erkenntnis gewonnen: Im jüdischen Land ist ein Kind geboren, der Herrscher der Welt. Diese Einsicht fordert Handeln. So machen sie sich auf den Weg. Sie ziehen ihrem Ziel entgegen, monatelang, über Tausende von Kilometern, unbeirrt, um niederzuknien vor einem Kind, in dem sich Gottes Wille erfüllt.

So gelangen sie nach Jerusalem. Die Hauptstadt, der Palast des Herodes – das ist der Gegenpol in der Geschichte. Die fremden Besucher sorgen für Erschrecken, Aufregung, Bestürzung, Bedrohung, Angst vor Machtverlust, Unruhe, Panik. Es folgen Agitation, Besprechungen, geheimdienstliche Erkundigungen, Beratungen, Geheimsitzungen, Entwicklung politischer Strategien, Politikerversprechen, Intrigen, Heuchelei, Lügen.

Wieder einmal erzählen die Evangelien eine Geschichte von Gottes neuer Weltordnung. Alles ist auf den Kopf gestellt. Heidnische Astrologen, Ausländer mit fremder Sprache und fremder Kultur, kommen „in sehr großer Freude, finden das Haus, sehen das Kind mit seiner Mutter Maria, werfen sich zu Boden und erweisen ihm die Ehre" (Matthäus 2,10 f.). Sie, die Fernen, sind Gott mit einem Mal ganz nah, so wie es die Propheten vorhergesehen haben. Das heilige Jerusalem indessen mit seinem König und seinen Theologen, denen die Bibel anvertraut ist, die das Kommen des Messias vorhersagt – verpassen seine Ankunft. Sie bleiben bei ihren Büchern, in denen alles steht. Sie, die Nahen, finden den Weg zum Kind nicht und stehen auf einmal abseits.

Gott liebt die anders sind

Das Wort Elend kommt von Ausland, anderes Land. In der Fremde, wo alles anders ist, ist es bekanntlich nicht ganz geheuer. Ethnozentrismus nennt man die allen Menschen und Völkern innewohnende Eigenart, sich selbst als das Zentrum der Welt und damit als normal zu betrachten, die anderen jedoch als vom Normalen abweichend oder gar als abartig. Wir sind gut, bei den anderen weiß man das nicht so genau. Wir sind zivilisiert, die anderen sind Barbaren. Je fremder uns etwas erscheint, desto mehr Vorbehalte entwickeln wir. Ausländer mit unserer Hautfarbe und vergleichbarer Sprache und Sitte akzeptieren wir leichter als Angehörige anderer Kulturen. Wer anders ist, andersartig oder gar farbig, wird schnell ausgegrenzt. In unseren Städten, auf unseren Straßen kann man das fast täglich beobachten. Von Fremdenangst ist es bisweilen nur ein kleiner Schritt zu Fremdenfeindlichkeit und Fremdenhass.

Gott ist der Vater aller Menschen. Das ist eine Grundüberzeugung Jesu. Heute würde er vielleicht sagen: Gott ist Vater und Mutter für alle. In Gottes Reich, in seiner Gegenwart, sind alle Menschen seine Kinder. Alle sind Angehörige von Gottes offener Familie, ohne Unterscheidung nach Geschlecht, Rasse, Hautfarbe, Religion, Kultur, Nationalität, Herkunft, Rang, Sozialschicht, Besitz, Alter, Kompetenz, Beruf oder Begabung, unabhängig von sexueller oder sonstiger Identität. Die menschliche Grundidentität ist: von Gott geliebt zu sein. Darum sind alle Geschwister, keiner ist mehr oder weniger wert, wie Jesus mit seiner Geschichte von den Arbeitern im Weinberg veranschaulicht: Einige fangen früh morgens an zu arbeiten, andere mittags und nachmittags, wieder andere gegen Abend – doch alle erhalten den gleichen Lohn (Matthäus 20,1 ff.).

Die Aufhebung von Ausgrenzungen und Feindbildern haben die Evangelien in schlichten, aber sehr provokativen Geschichten erzählt. Zehn Leprakranke kommen zu Jesus und werden geheilt. Doch nur einer kehrt zu Jesus zurück um zu danken – „und das war ein Samariter!“ (Lukas 17,16). Nicht die neun, die zum Gottesvolk gehören, loben Gott, sondern der eine, der als Religions- und Volksfeind des auserwählten Volkes gilt.

Die eindrücklichste Geschichte zu diesem Thema gilt auch Nichtchristen als eine der großen Kulturleistungen des christlichen Glaubens: die Geschichte vom barmherzigen Samariter (Lukas 10,25 ff.). Einen verachteten Ausländer stellt Jesus als Vorbild hin. Denn dieser Fremde praktiziert Gottes Willen: Er übt Barmherzigkeit. Er kümmert sich um den von Räubern Überfallenen, den die Frommen achtlos links liegen gelassen haben.

27. Der Staatschef und sein Krieg gegen die Kinder oder: Von der Gewaltbereitschaft der Menschen und der Feindesliebe Gottes

„Da wurde Herodes sehr zornig und ließ alle Jungen in Bethlehem und der ganzen Gegend umbringen, die zwei Jahre und jünger waren.“

Der Mord an den Kleinkindern in Bethlehem und Umgebung – auch dieser Bericht ist eine Legende, Gott sei Dank. Ihr Zweck erschließt sich aus dem Ende der Erzählung (Matthäus 2,16–18): „Horch! In Rama hört man klagen und bitterlich weinen. Rahel weint um ihre Kinder und will sich nicht trösten lassen; denn sie sind nicht mehr.“ Das Zitat aus dem Propheten Jeremia (31,15) lieferte Matthäus und seinen Vorgängern die Vorlage für eine entsetzliche Geschichte.

Massaker

Sie ist schnell erzählt: Der Staatschef ist sauer. Seine Intrigen haben nichts gefruchtet. Das Geheimabkommen, das er mit den fremden Reisenden geschlossen hatte, war ein Misserfolg: Die haben sich offensichtlich in sein von Machtkalkül bestimmtes Ränkespiel nicht einspannen lassen. So muss der Herrscher zu anderen Mitteln greifen. Es geht um das Gemeinwohl. Seine Macht steht in Gefahr. Da ist – damals wie heute – fast jedes Mittel recht. Er lässt alle, die die Staatssicherheit bedrohen, beseitigen. Sicher ist sicher.

Es nützt trotzdem nichts. Denn sichtbar hält Gott seine schützende

Hand über diesem Kind. Das ist der eine Sinn der geschilderten Szene. Außerdem wird deutlich: Wer Gottes Willen ernst nimmt, kann für die Staatsgewalt eine absolute Bedrohung darstellen, auf die ihre Vertreter instinktiv reagieren.

Es ist unglaublich, wie aktuell diese alte Geschichte ist. Als ob Matthäus die politische Situation unserer Zeit gekannt hätte: Präsidenten fühlen sich bedroht. Um ihre Macht zu sichern, führen sie Krieg und töten Kinder: in Tschetschenien und im Irak, in Palästina und Israel, in Lateinamerika und vielen Staaten Afrikas.

Jeder Krieg ist ein Verbrechen

Wenn alle Menschen Gottes geliebte Kinder sind, gibt es keinerlei Rechtfertigung, auch nur einen davon umzubringen. Auch nicht indem man sie zu Feinden deklariert. Das jedenfalls ist Jesu Position. Traditionell, so erklärt er in der Bergpredigt, gilt wohl die Regel: Liebe, die dir nahestehen; hasse deine Feinde, die dir übelwollen. Ich aber sage euch: Liebt eure Feinde, betet für eure Verfolger. *So* werdet ihr zu Kindern eures Vaters im Himmel. Wenn ihr nur die liebt, die euch lieb haben – was tut ihr da Besonderes? Das machen alle, das machen auch Menschen ohne Religion und Glauben. Das machen sogar die Tiere, seit den Zeiten der Dinosaurier. Ihr habt nicht nur ein Reptilienhirn, das aggressiv reagiert, wenn euch jemand oder etwas zu nahetritt. Gott hat euch mit Gehirnteilen ausgestattet, die euch fähig machen zu fühlen und zu denken, zu lieben und vertrauen zu können, Konsequenzen zu bedenken und besonnen zu handeln. Darum sollt ihr vollkommen sein, wie euer Vater im Himmel vollkommen ist. Seine Vollkommenheit zeigt sich darin, dass er seine Sonne über Böses wie Gutes aufgehen lässt, er lässt regnen über Gerechte wie Ungerechte (Matthäus 5,43–47).

Der Kniff mit der rechten Backe

Jesus stellt nicht nur Grundregeln auf. Er gibt auch ganz konkrete Handlungsanweisungen. Stellt euch dem Bösen nicht entgegen, sagt er, sondern überwindet es mit Gewaltlosigkeit. „Wenn dich einer auf die rechte Backe schlägt, dem halte auch die andere hin!“ Jesus sagt: „die rechte Backe“ – er sagt nicht: die linke. Auf die rechte Backe des Gegenübers kann man mit der rechten Hand nur schlagen, wenn man es mit dem Handrücken tut. Das ist eine Geste der Verachtung. Wenn dich jemand angreift, wenn er dich verächtlich behandelt, so die Empfehlung Jesu, werde nicht auch du gewalttätig. Werde nicht auch du ein Menschenverächter. Vielmehr wende dich dem anderen zu, schau ihm ins Gesicht und fordere ihn auf: Willst du mich noch einmal schlagen? Du behandelst ihn dann anders, als er dich behandelt. Du beschämst ihn. Vielleicht kann er dann aus seinem Zorn und seiner Verachtung auftauchen und wieder zurückfinden zu sich selbst, wieder ein Mensch werden, d. h. ein Wesen, das sich selber und andere respektiert.

Gewaltfreiheit ist also nicht das widerspruchslose Hinnehmen und masochistische Erleiden von Unrecht. Friedfertigkeit ist – wie der Name schon sagt – eine Fertigkeit. Sie erfordert Mut und Selbstbeherrschung, Herrschaft über sich und die eigenen mörderischen Impulse. Sie bedeutet den Verzicht auf Rachewunsch und Vergeltungshandeln. Gewaltloses Auftreten heißt, Gewalt entgegenzutreten, aber ohne dem anderen mit gleicher Münze heimzuzahlen: Wie du mir, so ich dir. Das alte Prinzip „Auge um Auge, Zahn um Zahn“ mag wohl ein sinnvoller Rechtsgrundsatz sein (Matthäus 5,38). Es ist indessen zwecklos, Gewalt mit Gewalt zu begegnen. Gewalt gegen Gewalt führt immer nur zu neuer Gewalt. Das beweist die Menschheitsgeschichte.

Jeder Mensch ein potentieller Mörder

Die erste Geschichte der Bibel – diesseits der Schöpfungs- und Paradiesmythen – ist ein Bericht über Gewalt. Zwei Brüder leben auf gemeinsamer Erde. Der eine ist Landwirt, der andere Viehzüchter. Sie heißen Kain und Abel. Beide opfern Gott. Das Opfer des einen wird angenommen, das des anderen nicht.

Wir erfahren nicht warum. Wir kennen die Gründe für die vielen Ungerechtigkeiten des Lebens nicht. Die Welt *ist* ungerecht, voller Willkür. Weshalb das so ist, wissen wir nicht.

Weil der eine etwas nicht hat, was der andere hat, schaut er finster und bekommt Mordgelüste. Und schlägt den anderen tot. So war es in der allerersten Geschichte, die die Bibel von Menschen außerhalb des Paradieses erzählt. So ist es noch heute. Offensichtlich handelt es sich um eine menschliche Ursituation. Darum erscheint sie am Anfang der Bibel. Aber Mord und Totschlag zwischen Menschen soll nicht sein.

Gewalt außen, Gewalt innen

Gewalt entsteht aus Ungerechtigkeit. Sie ist außerhalb von uns. Gewalt entsteht, wenn wir die aggressiven Impulse in uns nicht mehr beherrschen können, wenn sie uns beherrschen. Gewalt ist also auch in uns. „Du sollst Herr sein über deine mörderischen Gelüste!", sagt Gott zu Kain (1.Mose 4,7). Aggression ist eine Grundfähigkeit des Menschen. Jeder Mensch besitzt sie, von Geburt an. Ohne sie könnten wir nicht leben. Wir könnten nicht überleben, ohne Dinge zu ergreifen, ohne zuzupacken, ohne auf andere Menschen zuzugehen oder an Dinge heranzugehen. Ohne Nahrung zu zermalmen müssten wir verhungern.

Unsere Aggressionen werden allerdings auch geweckt, wenn wir Bedrohung oder Ungerechtigkeit verspüren. Wenn uns jemand zu nahetritt, angreift, beleidigt. Oder wenn uns jemand benachteiligt, wenn uns eine Situation unerträglich erscheint. Dann steigen in uns reflexhaft aggressive Impulse auf. Die Frage ist: Beherrschen wir sie? Dann bleiben wir Menschen. Oder beherrschen sie uns? Dann werden wir zu Tieren. Dass in jedem Menschen mörderische Impulse schlummern, von klein auf, wurde früher mit dem heute etwas verstaubten Begriff Erbsünde bezeichnet.

Auf existenzielle Bedrohung reagieren Mensch und Tier instinktiv mit Kampf, Flucht oder Sich-Totstellen. Bei einem Angriff greifen auch wir an, wie Tiger, oder wir ziehen uns zurück und fliehen, wie ein Reh, oder wir erstarren, wie eine Schildkröte oder ein Igel. Gewaltfreies Auftreten überwindet diese drei archaischen Reaktionsmuster. Der Friedfertige schlägt nicht zurück, er flieht auch nicht den Konflikt, er tut auch nicht so, als gäbe es ihn nicht, und wartet einfach ab. Gewaltfreiheit tritt Gewalt aktiv entgegen, ohne selbst aktive Gewalt auszuüben. Das setzt innere Kraft voraus, ein Wissen darum, wer ich bin und was ich tue, und die tiefe Überzeugung, dass der andere, was er auch tut, ein Mensch ist, Gottes Kind, nach seinem Bild geschaffen.

Gerechte Kriege gibt es nicht

Während seines Verhörs vor der obersten Religionsbehörde des Landes wird Jesus, so erzählt Johannes, von einem Diener ins Gesicht geschlagen. Jesus lässt das nicht kommentarlos über sich ergehen. Er wendet sich dem Diener zu, schaut ihn an und fragt ihn: „Wenn ich etwas Schlimmes gesagt habe, dann sag mir, was schlimm war; wenn jedoch zutreffend war, was ich sagte, warum schlägst du mich dann?" (18,23).

Als Jesus und seiner Gruppe in einem Dorf Samarias das Recht auf Gastfreundschaft verweigert wird, wollen seine Jünger aus lauter Wut gegen diesen Rechtsverstoß Feuer vom Himmel auf die Dorfbewohner herabrufen, um sie zu vernichten. Jesus jedoch wendet sich zu seinen Jüngern um und herrscht sie an (Lukas 9,55). Es ist nicht sein Stil, Gewalt zu üben. Es ist nicht das Recht von Menschen, Feuer auf Dörfer und Städte regnen zu lassen, mag auch ein Bruch nationalen oder internationalen Rechts vorliegen. Wer das dennoch tut, vergreift sich an Vorrechten, die nur Gott zustehen.

Bei Jesu Gefangennahme greift einer seiner Begleiter – im Johannesevangelium ist es gar der hitzköpfige Petrus selbst – zum Schwert. Nach Matthäus (26,51 ff.) verbietet Jesus diese Gewaltanwendung: „Stecke dein Schwert in die Scheide! Denn alle, die zum Schwert greifen, werden durch das Schwert umkommen."

Stimmt das? Kommt im Krieg um, wer zum Krieg greift? Für die Mächtigen und die Reichen, diejenigen, die Kriege befehlen und an ihnen verdienen, stimmt es wohl nicht. Auf die einfachen Leute dagegen trifft es zu. Sie sind es, die auf den Schlachtfeldern sterben. Auch wer aus dem Krieg zurückkommt, bleibt sein Leben lang gezeichnet: Auch wer den Krieg gewinnt, hat ihn verloren. Allzu oft macht Krieg aus Menschen Unmenschen. Die kleinen Leute sind es, die unter Bomben, Zerstörung und Gewalt leiden. Weit mehr als 90 % der Opfer „moderner" Kriege sind Kinder, Frauen, Jugendliche, Alte, Unbeteiligte – trotz Genfer Konvention. Wieder einmal zeigt sich, dass Jesus die einfachen Leute im Blick hat, wenn er von Gottes Gegenwart spricht. Und es wird deutlich: Christlicher Glaube kann Staatsreligion nie werden, ohne sich in sein Gegenteil zu verkehren.

Für die ersten Christen war völlig eindeutig: Militärdienst lässt sich mit der Zugehörigkeit zum Friedensreich Gottes nicht vereinbaren. Man kann nicht zwei Herren gleichzeitig folgen: einem Kriegsherrn und dem Friedensfürsten. Man kann nicht Gewalt ausüben und frei sein von Gewalt, Leben zerstören und jeder menschlichen Existenz unbedingten Respekt entgegenbringen. Man kann nicht einen Feind lieben und ihn zugleich erschießen. Für diese Überzeugung waren die frühen Christen bereit, einiges auf sich zu nehmen. In ihrer aktiven Gewaltlosigkeit waren sie unabhängig und frei.

Das ändert sich erst, als das Christentum an die Macht kommt und Macht ausübt. Aus dem Jesus, der die Gewaltlosigkeit des Vaters aller Menschengeschwister predigt und lebt, wird ein Kriegsgott. Jesus steigt vom Kreuz und wird, an der Spitze mordender Banden, Anführer im Kreuzzug, damals und heute. Dem Versucher, der nach Matthäus 4,8 die Macht verleiht über die Reiche dieser Welt, ist es gelungen, die Christen davon zu überzeugen: Ihr könnt doch zwei Herren dienen. Nämlich Christus und mir. Seitdem überschlagen sich die Kirchen und ihre Theologen in Unterscheidungen und Theorien, die für Mord und Totschlag ein gutes Gewissen liefern sollen. Gerechter Krieg, Befreiungskrieg, Verteidigungskrieg, Terrorismusbekämpfung – wie die Rechtfertigungen alle lauten. Im Namen eines deutschen Gottes zogen junge Christen ins Feld, um junge Christen zu erschlagen, die zufällig ein paar Kilometer weiter aufgewachsen waren und dem gleichen Gott, jedoch mit anderer Nationalität folgten. Panzer, Waffen, Mordinstrumente werden und wurden gesegnet, auch die Flüge zum Abwurf der Atombomben auf Hiroshima und Nagasaki.

Frieden ist möglich

Aber – wie realistisch ist Friedfertigkeit? Ist es nicht realitätsfern, in einer Welt voller Gewalt gewaltlos leben und überleben zu wollen?

Es war ein Weihnachtsfest im Ersten Weltkrieg. Verfeindete Soldaten stiegen aus den Schützengräben und umarmten einander. Tags zuvor noch hatten sie geschossen, auf Feinde. Nun hatten sie Menschen ins Gesicht gesehen. Die konnten sie nicht mehr umbringen, denn sie hatten mit ihnen Weihnachten gefeiert. Sie wollten Frieden. Ihre Kriegsherren jedoch wollten Krieg. Frieden ist Landesverrat. Als Landesverräter wurden sie von ihren eigenen Herrschern erschossen.

Welch eine perverse Logik: Die Mächtigen, die ihr Land verraten, indem sie es mit Krieg, Tod und Zerstörung überziehen, erschießen die als Landesverräter, die diesem Verrat gewaltlos entgegentreten. Kriegsherren sind groß im Verdrehen von Tatsachen, im Verteufeln von Friedenswilligen. Meisterhaft können sie uns einreden und glauben machen, es gebe keinen anderen Weg als den der Gewalt. Wir können schon gar nicht mehr anders denken als in den Kategorien von Macht und Gewalt. Alle Kriege auf deutschem Boden in den letzten 300 Jahren waren die Folge politischer Verbrechen oder politischen Versagens. Mehr Frieden ist möglich, wenn wir uns nicht von Patriotismus und Feindbildern benebeln lassen. Wenn wir Fragen stellen wie: Wer will diesen Krieg und warum? Wem nützt dieser Krieg, wer verdient daran? Welche Erdölgesellschaft, welcher Konzern steckt dahinter? Welche Lobby hat Interesse, Waffen – d. h. Tod – zu produzieren, zu verkaufen, zu exportieren? Frieden hat eine Chance, wenn wir massenweise unseren Politikern entgegentreten, sobald sie sich aggressiv verhalten oder gewaltbereit äußern. Kriege haben heute politisch weniger Sinn denn je. Das internationale Miteinander bewegt sich auf eine Weltinnenpolitik zu. Da ist kein Platz mehr für Vernichtung des anderen. Würde die Milliarde Mitglieder, die die christlichen Kirchen weltweit zählen, sich Krieg und Gewalt aktiv und gewaltfrei widersetzen, sähe die Welt schon etwas anders aus, ganz real.

Wenn Krieg droht, sind die Kirchen voll. An Weihnachten auch. Sehnsucht nach Frieden bewegt die Menschen. Sie kommen, um immer wieder die Verheißung der göttlichen Boten zu hören: Ehre für Gott ist Friede auf Erden – daran hat er sein Wohlgefallen.

28. Wo kommen Ochs und Esel her? oder: Von Juden und Christen

„und sie legte ihn in eine Krippe."

Keine Weihnachtskrippe ohne Esel und Ochse. Sie sind so selbstverständlich Teil von Weihnachten wie Maria und Josef und das Kind in der Krippe. Wo sich eine Krippe befindet, muss ein Stall sein, und in einen Stall gehören Tiere. Das scheint klar zu sein. Wer allerdings Ochse und Esel in den biblischen Weihnachtsberichten zu finden hofft, wird verblüfft sein: Die beiden sympathischen Tiere werden in den Evangelien mit keinem Wort erwähnt.

Wie und wann sind Ochse und Esel nun aber in den Stall von Bethlehem geraten? Warum gerade diese beiden Tiere, und nicht etwa Ziegen, oder Schafe, von denen Jesus oft sprach?

Auf einem Esel hält Jesus Einzug in Jerusalem, gemäß dem Wort des Propheten Sacharja – die Pilger, die zum Passahfest nach Jerusalem gekommen sind, jubeln ihm als dem Messias zu. Auf einem Esel zieht die schwangere Maria von Nazareth nach Bethlehem – dort kommt Jesus als Kind obdachloser Eltern in einer Notunterkunft zur Welt, einem Stall. Auf einem Esel reist die verfolgte Heilige Familie nach Ägypten, politische Flüchtlinge und Heimatvertriebene, die ihr Land Hals über Kopf verlassen müssen. So berichtet es das nachbiblische Marien-Evangelium eines Jakobus um 150. Kirchenvater Origenes (185–256) muss die Geschichte gekannt haben. Er ist wohl der Erste, der die Legenden von der Maria, die auf einem Esel reist, mit einem Wort der Propheten verknüpft: „Der Ochse kennt seinen Besitzer, und der Esel die Krippe seines Herrn."

Ochse und Esel tauchen in der Bibel immer wieder gemeinsam auf. In den Gesetzen des Alten Testaments werden sie genannt. Das zehnte Gebot schreibt vor, man solle Rind oder Esel des Nachbarn nicht begehren. Wer einem verirrten Ochsen oder Esel seines Feindes begegnet, soll das Tier zu ihm zurückbringen. Auch der Jesus, der mit jüdischen Gelehrten über das Verständnis des Sabbatgebotes streitet, nennt die beiden Tiere mehrfach in einem Atemzug.[27]

Jesajas Bild von den Tieren, die ihren Besitzer und ihren Stall kennen, war ursprünglich eine polemische Kritik am Volk Israel, das seinen Gott nicht kennen will. Später jedoch wird die Aussage auf die Zukunft bezogen. Als Prophezeiung verstanden ist der Spruch voll geheimnisvoller Bedeutung. Der Ochse galt den Juden als kultisch reines Tier, der Esel als kultisch unrein. Die frühe christliche Gemeinde bildet sich aus zwei Gruppen: denen, die aus dem Judentum stammen, und denen, die zuvor Heiden waren und deshalb die traditionellen jüdischen Vorschriften nicht einhielten. Zwei Tiere, die auch sonst in der antiken Welt besondere Wertschätzung genießen, zwei Gruppen, aus denen sich die Christengemeinde zusammensetzt – das kann kein Zufall sein. Spätestens seit dem dritten Jahrhundert verbindet fromme Fantasie die beiden Tatbestände miteinander. Seitdem vertreten Ochse und Esel die Christenheit im Stall und verehren das Kind in der Krippe. Eine Fülle von Texten und Abbildungen zeigt es.[28]

Wer ist klüger?

Sehr früh schon sind Esel und Ochse also fester Bestandteil der Geburtsszene im Stall von Bethlehem geworden. Das hat die Gläubigen aber nicht daran gehindert, sie gegeneinander auszuspielen. Der Ochse ist kultisch rein. Nun gut. Aber er dient auch zum Arbeiten auf dem Feld und als Tier, das geopfert wird. Der Esel hingegen ist zwar kultisch unrein, wurde dafür als Reittier hoch geschätzt. Er galt als geschickt, geduldig, eigenwillig und klug, klüger oft als der Mensch, so wie Bileams Eselin, die sogar sprechen konnte und Gottes Willen besser verstand als ihr eigener Herr, der Prophet.[29] Kein Wunder also, dass die beiden Tiere Gegenstand antisemitischer Ausdeutungen und Anspielungen wurden.

Ochse und Esel indessen sind klug. Sie äußern sich nicht zu der Frage, wer von beiden der Klügere oder Bessere sei. Seit Jahrhunderten wachen sie gemeinsam über dem Kind im Stall, in dem ein einziger kleiner Lichtschein genügt, um Licht ins Dunkel zu bringen. Seit Jahrhunderten schweigen sie angesichts des Geheimnisses der Geburt dieses Kindes und des Wunders seiner Bedeutung für die Menschheit.

29. Wer noch mehr wissen will – Lese-Empfehlungen

Wer die biblischen Texte nachlesen oder nachschlagen möchte, dem sei die vorzügliche *Übersetzung des Neuen Testaments* von

Ulrich Wilckens: Das Neue Testament, Zürich/Gütersloh 1991

empfohlen. Sie ist genau, übersichtlich, sprachlich hervorragend gelungen und in ökumenischer Zusammenarbeit entstanden. Jeder Abschnitt ist kurz kommentiert, sodass der Leser Aussage und Stellenwert kritisch verstehen kann.

Aus der Fülle der Veröffentlichungen über *Jesus von Nazareth* seien zunächst einige Fachbücher genannt. Wer sich gründlich mit dem Stand der Forschung zum Leben Jesu, mit den verschiedenen Aspekten seines Wirkens und mit seinem zeitgeschichtlichen Umfeld vertraut machen möchte, dem sei

Gerd Theißen/Annette Merz: Der historische Jesus. Ein Lehrbuch, Göttingen 2001

empfohlen. Dieses Lehrbuch ist ein Standardwerk, übersichtlich gestaltet und auch für Nichttheologen höchst informativ. Ähnlich präzise und ausführlich das Fachbuch von

Jürgen Becker: Jesus von Nazaret, Berlin/New York 1996

Allgemeinverständlich und anregend

Klaus Berger: Wer war Jesus wirklich?, Gütersloh 1999

Der Verfasser stellt gezielt herkömmliche Jesusbilder in Frage, arbeitet anstößige Seiten der Botschaft Jesu heraus und lässt Raum für außerbiblische Quellen über Jesus.

Allgemeinverständlich und gut lesbar, wenn auch etwas älteren Datums ist das Buch von

Günther Bornkamm: Jesus von Nazareth, Stuttgart 1960

Wie aus einem wandernden Charismatiker die Jesusbewegung wurde, aus der später die frühen Kirchen entstanden, zeigt

Gerd Theißen: Die Jesusbewegung. Sozialgeschichte einer Revolution der Werte, Gütersloh 2004

Das Buch führt zugleich in die sozioökonomischen und soziopolitischen Hintergründe ein, die den Mutterboden für die von Jesus ins Leben gerufene innerjüdische Erneuerungsbewegung bilden.

Der Überfall vom 11. September 2001 auf die USA und der Ausruf des amerikanischen Präsidenten Bush beim Eindringen in den Irak: „Gott möge uns schützen!", haben Takashi Onuki, Professor für Neues Testament in Tokyo, bewegt zu fragen: Kann man im Namen Gottes einen Krieg erklären? Wie sähe Jesus selbst diesen Krieg? Sein Buch versucht diese hochaktuellen Zeitfragen nicht unmittelbar, aber so weit wie möglich von Grund auf zu beantworten, indem er die Vorstellungswelt Jesu als eines Menschen der Antike darstellt.

Takashi Onuki: Jesus. Geschichte und Gegenwart, Neukirchen-Vluyn 2006

Die besondere Rolle der Frauen in der Gruppe der Personen, die mit Jesus durch Galiläa zogen, und den Befreiungsaspekt der Botschaft Jesu unterstreicht das sprachlich und graphisch gelungene, mit Gedichten und Bildern angereicherte Buch von

Dorothee Sölle/Luise Schottroff: Jesus von Nazaret, München 2004

Dieser letzte Titel leitet über zu vier Büchern, die zu lesen oder anzuschauen ein besonderer Genuss ist.

Heiner Geißler: Was würde Jesus heute sagen? Die politische Botschaft des Evangeliums, Reinbek 2005

Heiner Geißler versteht Jesu Auftreten als Aufforderung zum Um- und Neu-Denken und bezieht zentrale Inhalte seiner Botschaft kritisch auf die politische Gegenwart, vom Wahlkampf deutscher Parteien bis zum Irak-Krieg – ein originelles und aufregendes Buch.

Wer sich für die kulturellen und historischen Hintergründe der weihnachtlichen Berichte interessiert und Parallelen aus der Antike oder Texte und Abbildungen aus der Geschichte des Christentums kennenlernen möchte, der sei auf die auch grafisch gelungenen Bände von

> Dietrich Steinwede: Nun soll es werden Frieden auf Erden. Weihnachten: Geschichte, Glaube und Kultur, Düsseldorf 1999

und

> Gertrude Weinholz/Harry C. Suchland: Freude der Völker. Weihnachtskrippen und Zeichen der Christgeburt aus aller Welt, München 1978

verwiesen.

Und zum Abschluss ein Jesus-Krimi:

> Gerd Theißen: Der Schatten des Galiläers. Jesus und seine Zeit in erzählender Form, Gütersloh 2004

Andreas, ein junger jüdischer Kaufmann, wird vom römischen Geheimdienst des Pilatus dazu erpresst, Material über die Jesusbewegung zu sammeln. „Mein Auftrag war herauszufinden, ob Jesus ein Sicherheitsrisiko war. Hier gab es keinen Zweifel: Er war ein Risiko." Dieser Auftrag führt ihn in einen unlösbaren Konflikt zwischen diesem Jesus, der ihm, je mehr er über ihn erfährt, zunehmend sympathischer wird, und seinem Freund, dem Widerstandskämpfer Barrabas, der ihn aus der Gefangenschaft eben dieser Widerstandskämpfer befreit – ein Lesevergnügen, spannend und lehrreich zugleich.

Anmerkungen – Nachweise

[1] Ausführlicher zur Geschichte Bethlehems und der Geburtskirche Siegfried Mittmann: Bethlehem, in: Gerhard Krause/Gerhard Müller (Hg.), Theologische Realenzyklopädie (TRE) 5, Berlin/New York 1980, 759–763. – Dort auch Hinweise auf weitere Literatur.

[2] Zitiert nach Herbert Fuchs: Christfest heute, Nürnberg o. J.

[3] Zitiert nach Dietrich Steinwede: Nun soll es werden Frieden auf Erden. Weihnachten: Geschichte, Glaube und Kultur, Düsseldorf 1999, S. 188. Steinwede bringt eine Fülle weihnachtlicher Texte und Abbildungen aus verschiedenen Epochen, Kontinenten und Religionen.

[4] Bert Brecht: Die Gedichte, Frankfurt a. M. 2000.

[5] Anzuschauen zum Beispiel bei Gertrude Weinholz/Harry C. Suchland: Freude der Völker. Weihnachtskrippen und Zeichen der Christgeburt aus aller Welt, München 1978; vgl. auch Dietrich Steinwede: Nun soll es werden Frieden auf Erden. Weihnachten: Geschichte, Glaube und Kultur, Düsseldorf 1999.

[6] Ein ausführlicherer Überblick über die Redaktionsgeschichte der Evangelien z. B. bei Walter Schmithals: Evangelien, TRE 10, 1982, 570–626.

[7] Ausführlicher hierzu Lawrence A. Sinclair: David. Altes Testament, TRE 8, 1981, 378–384.

[8] Zu diesem und den folgenden Kapiteln ausführlicher Hans Strauß: Messias/Messianische Bewegungen. Altes Testament; Günter Stemberger: Messias/Messianische Bewegungen. Judentum; Günther Baumbach: Messias/Messianische Bewegungen. Neues Testament, TRE 22, 1992, 617–635 (dort auch weitere Literatur) sowie die bei den Buchempfehlungen angegebenen Titel, besonders die Veröffentlichungen zu „Jesus von Nazareth“.

[9] Anschaulich zu diesem Kapitel Günther Bornkamm: Jesus von Nazareth, Stuttgart 1960, besonders der Abschnitt V.5: „Gott der Vater und seine Kinder“, 114. Dort auch das Zitat von Epiktet.

[10] Hermann L. Strack/Paul Billerbeck: Das Evangelium nach Matthäus, München 1922, S. 35 (zu Matthäus 1,16).

[11] So Heikki Räisänen: Maria/Marienfrömmigkeit, TRE 22, 1992, 117.

[12] Ausführlich hierzu Heiner Grote: Maria/Marienfrömmigkeit, TRE 22, 1992, 119–137. Dort auch Hinweise auf weitere Literatur.

[13] Grote, TRE 22, 1992, 123.

[14] Grote, TRE 22, 1992, 122.

[15] Hans Lietzmann: Geschichte der Alten Kirche. 4. Die Zeit der Kirchenväter, Berlin 1944, 171 f.

[16] So Grote, TRE 22, 1992, 128.

[17] Grote, TRE 22, 1992, 125.

[18] Zu diesem Abschnitt die ideologiegeschichtliche Analyse von Jean Flori: La première croisade, Brüssel 1997.

[19] Grote, TRE 22, 1992, 123.

[20] Grote, TRE 22, 1992, 128.

[21] Louis Roussel: Die Zeitwahrnehmung im Familienleben, in: Familiendynamik 1988, Heft 1, 2–15; Martin Koschorke: In Steinzeit und Postmoderne zugleich – wie Familien-Leitbilder Konflikte vorprogrammieren, Rehburg-Loccum 1995.

[22] Diesem Abschnitt liegen folgende Textstellen zugrunde: Markus 10,13–16; 9,36 f.; 9,33–35 und die Parallelen bei Matthäus und Lukas. Matthäus 20,16.

[23] Anschaulich hierzu Chris Scarre: Chronique des Empereurs Romains, London 1995.

[24] Ulrich Wilckens: Das Neue Testament, Zürich/Gütersloh 1991, 101, Anmerkung 4.

[25] Jürgen Becker: Jesus von Nazaret, Berlin/New York 1996, 358–367.

[26] Walter Schulten: Drei Könige, TRE 9, 1982, 166–169.

[27] Die Bibelstellen zu diesem Kapitel: Sacharja 9,9; Markus 11; Jesaja 1,3; 2.Mose 20,17; 23,4; Lukas 13,15; 14,5.

[28] Zu diesem ganzen Kapitel: Dietrich Steinwede: Nun soll es werden Frieden auf Erden. Weihnachten: Geschichte, Glaube und Kultur, Düsseldorf 1999, 72 f.

[29] 4. Mose 22,22 ff.

Bibelstellenregister